가챠가챠의
경제학

오노오 가쓰히코 지음 원선미 옮김

인간희극

시작하며 ─ 어른도 빠져드는 가챠가챠의 세계

여러분 안녕하세요. 일본가챠가챠협회의 오노오 가쓰히코라고 합니다. 저는 지금까지 약 30년간 가챠가챠 비즈니스 업계에 몸담아 왔습니다. 이번에 출판사와 인연이 닿아 가챠가챠를 본격적인 '비즈니스'의 관점에서 다루는 책을 처음으로 선보이게 되었습니다.

제목을 보고 이 책을 선택한 독자에게는 이제 와서 이런 질문을 하는 의미가 있을까 싶지만, '가챠가챠'라는 단어를 들으면 무엇이 떠오르나요?

그렇습니다. 코인을 투입한 후 손잡이를 돌리면 장난감이나 잡화 등이 들어 있는 캡슐이 랜덤으로 나오는, '가챠가챠'라는 이름의 소형 자동판매기입니다. 아마 지금 나이가 60대 이하인 분이라면 다들 어렸을 때 즐겨 본 경험이 있지 않을까 생각합니다.

어떤 사람에게는 '가챠폰'이라는 명칭이 더 친근하게 느껴질 수도 있고, 제조 사에 따라서는 '가샤폰'(반다이)이나 '가챠'(타카라토미아츠)라는 등록상표로 가챠가챠 서비스를 전개하고 있기도 합니다.

미디어에서는 이들을 통칭해서 '캡슐토이' 또는 '캡슐완구'로 부르는 것이 일 반적입니다. 하지만 최근에는 캡슐 안에 들어 있는 물건이 꼭 완구로 한정되 지 않고, 성인을 타깃으로 하는 잡화, 정교한 피규어나 미니어처, 또는 '캡슐

에 들어가는 물건이라면 뭐든지 가능'이라고 할 만큼 실로 버라이어티한 세계
가 되었기 때문에 캡슐토이나 갭슐완구는 더는 정확한 표현이라고는 할 수 없
는 상황입니다.

이러한 이유로 이 책에서는 제 자신이 어렸을 때부터 들어 와서 친숙하게 느
껴지기도 하고, 동시에 예상컨대 일본의 남녀노소 모두에게 가장 깊숙이 침투
되어 있지 않을까 싶은 '가챠가챠'라는 명칭을 채택했습니다. 특별히 구분해
서 쓸 필요가 없는 한 전체적으로 '가챠가챠'로 통일했으니 참고해 주세요.

그런데 최근 몇 년간 이 가챠가챠 시장이 이상할 만큼 큰 성장을 보이고 있다
는 사실을 여러분도 느끼고 있으리라 생각합니다. 그리고 분명 다음과 같은
체험을 한 적이 있을 것입니다.

'쇼핑을 하러 쇼핑몰에 갔더니, 이전까지 의류 매장이었던 공간이 가챠가챠 전
문점으로 바뀌어 있었다.'

'아이들뿐만 아니라 성인 여성이 가챠가챠를 즐기고 있는 모습을 자주 본다.'

'예전의 이미지는 캐릭터 굿즈가 중심이었는데, 최근에는 잡화나 정밀한 미니
어처 등 종류가 다양해진 걸 보고 나도 모르게 갖고 싶어졌다.'

'100엔이나 200엔 정도라고 생각했는데, 지금은 주로 300엔이나 400엔짜리가
많고 개중에는 1,000엔짜리도 있어서 깜짝 놀랐다.'

'예전에는 구멍가게 앞에 머신이 놓여 있는 이미지가 강했는데, 최근에는 지
하철 역사 안이나 영화관, 박물관, 서점, 신사 등 다양한 장소에서 볼 수 있게
되었다.'

'공항이나 관광지에서 외국인이 즐거워하면서 머신을 돌리고 있는 모습을 보

곤 한다.'

'SNS에서 가챠가챠 사진을 올린 게시물이 자주 눈에 띈다.'

'TV 정보 프로그램이나 잡지 등에서 가챠가챠 붐에 관한 특집 콘텐츠를 하는 걸 자주 본다.'

이러한 움직임은 모두 최근 몇 년 사이 두드러지게 나타난 현상입니다. 특히 2020년 이후 신종 코로나바이러스 감염증의 확산이 불러온 외출 제한과 영업 자제 분위기 속에서 쇼핑몰 내에 대규모의 가챠가챠 코너 또는 전문점이 등장한 것을 보고, 가챠가챠가 뭔가 엄청난 상황이 되었다는 사실을 많은 분들이 실감하고 있는 것 같습니다.

'왜 지금, 일본에서 가챠가챠가 뜨고 있는 걸까?'

미디어의 취재에 응할 때면 꼭 듣게 되는 질문인데, 저 역시 한마디로 설명하기는 쉽지 않습니다.

'코로나로 임차인이 떠나간 이후에 인건비나 전기요금을 들이지 않고 적은 비용으로 빈 공간을 메울 수 있었기 때문이겠지.'

이런 식으로 생각하는 사람도 많습니다. 틀린 말은 아니지만 충분하다고는 할 수 없습니다. 왜냐하면 본문에서 구체적으로 설명하겠지만, 그 이전부터 가챠가챠 시장은 점진적인 성장세를 나타내고 있었기 때문입니다. 코로나는 하나의 요인에 지나지 않습니다.

일본에서 가챠가챠가 뜨고 있는 배경에는 다양한 이유가 있습니다. 일본인의 종교관, 손재주와 모노즈쿠리(장인정신을 바탕으로 한 일본의 제조 문화를 일컫는 말—옮긴이)에 대한 고집, 캐릭터 굿즈와 작은 물건을 좋아하는 국민성, 중국의 싸고 풍부한 노동력 덕분에 실현된 저비용·고품질의 양립, 물질 소비에서 경험 소비로의 전환, 해외 공장과 제조사 간의 공급망 확립 등, 지금의 열풍은 가챠가챠가 일본에 처음 도입된 약 60년 전부터 몇 차례의 붐을 지나 현재에 이르기까지 오랜 시간에 걸쳐 구축된 하나의 역사라고 할 수 있습니다. 결코 일시적인 붐이 아닙니다.

이쯤에서 제 이력을 간단히 소개하겠습니다. 1965년에 지바현 후나바시시에서 태어났습니다. 사실 제가 태어난 1965년은 업계 관계자들에게는 일본의 '가챠가챠 원년'으로 널리 인식되고 있는 해이기도 합니다. 유래에 대해서는 본문에서 자세히 설명하겠지만, 이 '가챠가챠 원년'에 세상에 나왔다는 사실에 저는 운명적인 무언가를 느끼고 있습니다.

대학을 졸업한 후에 플라스틱 원료 상사 근무를 거쳐 스물아홉이던 1994년, 취업 잡지에서 본 '100엔에 꿈을 걸어 보지 않겠습니까?'라는 메시지에 이끌려 완구와 잡화를 제조하는 주식회사 유진(후에 주식회사 타카라토미아츠로 사명 변경)으로 이직하면서 가챠가챠 비즈니스와의 인연이 시작되었습니다. 지금은 반다이에 이어 가챠가챠 업계 시장 점유율 2위에 올라 있는 타카라토미아츠이지만, 제가 이직했을 당시에는 전체 직원 수가 18명이었고 가챠가챠 부문의 경우 저를 포함해서 직원 단 3명의 작은 부서였습니다.

이후 25년간 타카라토미아츠 그룹에서 가챠가챠 비즈니스를 담당했고, 2019년에 독립해서 '쓰키지팩토리'라는 가챠가챠 비즈니스의 컨설팅 회사를 설립했습니다. 일본에는 현재 약 40개의 가챠가챠 제조사가 있는데 그중 몇 개사의 비즈니스를 서포트하는 일을 하고 있고, 최근에는 자사 브랜딩의 일환으로 가챠가챠를 활용하고자 하는 기업과 지역 활성화를 위한 수단으로 가챠가챠에 관심을 보이는 몇몇 지자체의 일도 돕고 있습니다.

또한 컨설팅 활동과는 별개로 '일본가챠가챠협회'라는 임의 단체를 만들어서 2022년 6월에 일반사단법인화했습니다. 이 협회는 중립적인 입장에서 가챠가챠와 관련한 각종 문의에 대응하고 있습니다. 덕분에 최근에는 미디어 취재나 방송 출연, 강연 등의 기회도 늘었습니다. 그밖에 가챠가챠 업계 관계자들의 교류를 도모하고 더 많은 분들이 가챠가챠 업계에 대해 알게 되었으면 하는 바람으로 제조사와 크리에이터를 게스트로 초청하는 이벤트 '시부야 가챠가챠나이트'를 일 년에 여러 차례 개최하고 있습니다. 그리고 '가챠가챠라보'(http://japangachagachalab1965.com/)라는 사이트를 운영하며 가챠가챠의 역사를 소개하고 있습니다.

그야말로 매일매일 '가챠가챠를 생각하지 않는 날이 없는' 상태입니다.

이런 제가 이번에 출판사로부터 의뢰를 받아 책을 집필하는 단계에 이르게 되었습니다.

매월 300~400개의 시리즈가 발매되는 각 제조사의 신상품을 체크하거나, 인터넷을 활용해 각 지역에서 자발적으로 만들어지고 있는 가챠가챠 관련 정보를 수집하는 등 '가챠가챠 전도사'를 자처하고 있지만, 이런 저라도 모든 정보를 다 파악하는 것은 불가능한 일이기에 현재 일본에서 일어나고 있는 가챠가챠의 움직임에 대해 모두 숙지하고 있다고는 할 수 없습니다.

하지만 지금까지 약 30년간 업계에 몸담았고 여전히 현역으로 가챠가챠 비즈니스 관련 일을 하고 있다는 점, 그리고 일본가챠가챠협회 대표이사로서 많은 기업 및 관계자와 교류하고 있다는 점을 바탕으로 일반 대중들에게는 그다지 알려지지 않은 업계의 역사와 구조, 현재와 미래의 트렌드에 대해서 어느 정도는 체계적으로 설명할 수 있다고 자신합니다.

수많은 사람 중에서 저에게 책을 집필할 기회가 찾아온 것도 이러한 이유에서일 거라고 생각합니다.

중대한 임무가 되겠지만, 지금까지 미디어나 강연 등을 통해 전달해 온 정보를 잘 정리할 좋은 기회라는 생각에 기쁜 마음으로 받아들이게 되었습니다.

이 책은 현재 어떤 형태로든 가챠가챠 비즈니스에 몸담고 있는 분들, 그리고 이 업계에 들어오고 싶다고 생각하는 분들, 그리고 가챠가챠를 사랑하는 분들을 주요 타깃으로 하고 있지만, 한편으로는 가챠가챠 자체에 그다지 관심이 없는 분들도 읽어 주셨으면 하는 바람이 있습니다.

왜냐하면 원래는 미국에서 탄생한 가챠가챠가 일본에서 지금과 같은 독자적인 진화를 이루게 된 배경, 그리고 디플레이션이나 코로나19 등으로 많은 기업이 어려움에 빠진 와중에 몇 안 되는 성장 산업이라는 사실에는 타 업계에서 일하는 분들에게도 도움이 될 만한 많은 힌트가 숨어 있다고 생각하기 때문입니다. 몇백 엔의 캡슐 안에 무한한 가능성이 가득 차 있는 것입니다.

그래서 이 책에는 저뿐만 아니라 제가 평소 가깝게 지내는 가챠가챠 제조사의 대표, 크리에이터, 전문점 경영자 등 많은 분들이 등장합니다.

이 책이 여러분에게 어떠한 참고가 된다면 저자로서 그보다 더한 기쁨은 없을 것입니다.

2023년 8월 좋은 날
일반사단법인 일본가챠가챠협회
대표이사 오노오 가쓰히코

◆ 일러두기

— 한국에서 '캡슐 장난감 뽑기', '캡슐 완구 기계' 등으로 불리는 소형 자동판매기는 일본에서
도 '가챠', '가챠가챠', '가샤폰' 등 다양한 명칭이 있다. 이 책의 저자는 <시작하며>에서 이런
다양한 용어에 대한 언급과 함께 '가챠가챠'라는 용어를 주로 사용하게 된 이유를 설명하고
있으므로 본 번역서에서도 '가챠가챠'를 그대로 사용하되, '캡슐토이' 등 다른 용어로 언급된
부분 또한 원문 그대로 살려서 옮겼다.

— 가챠가챠 상품/시리즈 명은 기본적으로는 의미 전달에 최대한 초점을 맞춰 우리말로 번역하
고, 단어의 뉘앙스 전달이 중요한 의성어 또는 의태어, 조어 등으로 된 네이밍은 일본어 발음
을 그대로 살리되 의미를 설명하는 역주를 추가했다. 또한 정확한 정보 제공을 위해 모든 상
품/시리즈 명에 일본어 원문을 병기했다(여러 번 언급되는 상품/시리즈 명의 경우 첫 등장 시
에만 원문 병기).

— '타카라토미아츠' 등 기업명은 영문 표기 등을 고려하여 한글 맞춤법상 외국어 표기법을 따
르지 않고 일본어 음독 그대로 옮겼다.

C O N T E N T S

시작하며 ·· 3

제 1 장

시장규모는 610억 엔으로! 코로나19 팬데믹 상황에서도 급성장한 가챠가챠 비즈니스

1. '전문점의 등장', '여성 팬의 급승' 가챠가챠 시장을 견인하는 2대 요인 ········ 18

2. 곧 60주년! 가챠가챠 업계 발전의 역사 ······························ 34

3. 일본인은 왜 가챠가챠를 좋아할까? 가챠가챠 시장확대의 배경을 파헤쳐본다 ·· 49

4. 가챠가챠로 브랜딩! 기업과 가챠가챠의 콜라보 ······················ 62

Interview ·································· 67

하나의 장르가 된 '기업 콜라보 상품'.
개발에서 중요시하는 것은 기업의 과제 해결 서포트!

(주식회사 타카라토미아츠 가챠·캔디사업부 가토 시즈에)

제 2 장

누가 만들고, 누가 파는가?
잘 알려지지 않은
가챠가챠 비즈니스의 구조

1. '제조사→대리점→판매점' 기본 구조는 타 업계와 동일·····························80

2. 가챠가챠 업계의 메인 플레이어① 제조사 ·································85

3. 가챠가챠 업계의 메인 플레이어② 오퍼레이터(대리점) ··············105

4. 가챠가챠 업계의 메인 플레이어③ 판매점 ·······························107

Interview ·····························113

제4차 붐을 견인하는 역할의 '전문점'.
업계에 혁명을 일으킨 '가챠가챠의 숲' 탄생의 비밀
(주식회사 루루아크 대표이사 나가토모 신지)

제 3 장

업계 선두주자에게 듣는
가챠가챠 비즈니스에서
성공하는 방법

Interview 1 ·················· 122

시리즈 누계 판매 2,000만 개!
'컵 위의 후치코'를 탄생시킨 장본인이
말하는 가챠가챠 비즈니스의 미래

(주식회사 키탄클럽 주재 후루야 다이키)

Interview 2 ·················· 129

신규업체지만 연속 히트로 연 매출 20억 엔!
'차라샤초'로 본 가챠가챠 비즈니스의 재미

(주식회사 퀄리아 대표이사 오가와 유야)

Interview 3 ·· 136

독자적 크리에이티브의 출발점은 '즐거움'!
혹독한 가챠가챠의 세계를 강의를 통해서도 재현
(유한회사 자리가니웍스 무카사 다로, 사카모토 요시타네)

Interview 4 ·· 143

시리즈 누계 250만 개 판매!
히트작 '영물 소들' 발상의 힌트는 '반전 매력'
(주식회사 망상공작소 대표 오쓰하타 게이코)

제 4 장

캡슐리스 · 캐시리스도 등장!
계속해서 진화하는
가챠가챠 비즈니스의 최신 트렌드

1. '캡슐리스', '종이캡슐'의 등장! 가챠가챠에서도 시작된 SDGs ·················· 152

2. 더 이상 동전은 필요 없다? 캐시리스 가챠로의 움직임·················· 156

3. 가챠가챠로 지역 활성화? 일본 각지에서 생겨나는 '지역 가챠'의 구조 ········· 160

4. 이제 일본만의 것이 아니다! 세계에 널리 퍼지는 가챠가챠 문화 ··············· 164

권말대담

가챠가챠가 일본을 구한다!
~가챠가챠에서 배우는 앞으로의 비즈니스 힌트~

모리나가 다쿠로(경제 애널리스트) X 오노오 가쓰히코 ·················· 170

마치며 ··· 180

※ '가샤폰'은 주식회사 반다이, '가챠'는 주식회사 타카라토미아츠의 등록상표입니다.
※ 이 책에 기재된 내용은 2023년 7월 31일 시점의 정보를 기준으로 합니다.

제 1 장

시장규모는 610억 엔으로!
코로나19 팬데믹 상황에서도
급성장한 가챠가챠 비즈니스

가챠가챠 시장을 견인하는 2대 요인
'전문점의 등장', '여성 팬의 급증'

가라오케 시장과 레토르트 카레 시장을 넘어섰다?

지난 2023년 6월 8일, '도쿄 장난감 쇼 2023' 행사장에서 일반사단법인 일본완구협회에 의해 2022년 캡슐토이 시장 규모가 발표되었습니다. 그 숫자는 역대 최대치인 610억 엔. 2021년에 450억 엔이었으니 전년 대비 35.6%나 상승한 것입니다. 또 10년 전인 2012년의 270억 엔과 비교해 보면 최근 10년간 시장 규모는 2배 이상으로 확대되었다는 사실을 알 수 있습니다(도표1).

가챠가챠 업계의 시장 규모를 파악하기 위한 공식적인 데이터로는 현시점에서 위의 일본완구협회가 매년 발표하는 캡슐토이 시장 규모가 가장 참고가 되는 자료라고 생각합니다. 이 수치는 일본완구협회에 가입되어 있는 가챠가챠 관련 기업의 매출을 합산한 것으로, 시장의 7할을 차지하고 있는 업계 1위 반다이와 2위 타카라토미아츠의 데이터가 반영되어 있기 때문입니다.

다만 현재 약 40개의 기업이 존재하는 가챠가챠 제조사의 대부분은 일본완구협회에 가입되어 있지 않기 때문에 실제 시장 규모는 610억 엔을 넘어선다고 볼 수 있습니다.

이 '시장 규모 610억 엔'이라는 숫자를 받아들이는 방식은 사람마다 다 다를 거라고 생각합니다. '굉장해!' 하고 놀라는 사람이 있으면, '어, 아직 그정도야?'라고 느끼는 사람도 있겠지요.

미디어나 연구소 같은 곳에서 조사·분석을 담당하고 있는 사람이 아니라면 각 업계의 시장 규모에 대해서는 평소에 그다지 인식할 일이 없을지도 모릅니다. 예를 들어 자동차 산업의 시장 규모는 63.9조 엔(2021-2022, 업계동향 서치)으로 가챠가챠 시장의 무려 1,000배에 이르는, 비교조차 민망할 정도로 큰 시장입니다.

그래서 가챠가챠에 어느 정도 가까운 업종의 시장 규모와 한번 비교해 보면, 가챠가챠와 나란히 최근 몇 년간 높은 인기를 보이고 있는 크레인 게임(인형뽑기 기계-옮긴이)의 시장 규모는 약 2,230억 엔(2021년, 일본어뮤즈먼트산업협회)으로 가챠가챠의 4배 정도 됩니다. 크레인 게임은 가챠가챠와 다르게 경품을 뽑을 때까지 돈을 쓰는 사람이 많기 때문에 시장 규모가 4배 정도 된다는 사실이 왠지 이해가 갑니다.

도표 1 캡슐토이 시장 규모 추이

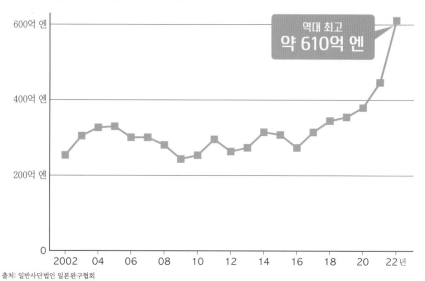

출처: 일반사단법인 일본완구협회

한편 가라오케 업계의 시장 규모는 3년간에 걸친 코로나19 팬데믹으로 인해 감소한 영향으로 약 580억 엔(2021-2022, 업계동향 서치)을 기록하면서 가챠가 챠 시장이 우위를 점하게 되었습니다. 마찬가지로 같은 해 레토르트 카레의 시장 규모는 약 533억 엔(2020년, 글로벌 시장조사 기업 '인테이지' 자료)으로, 역시 가챠가챠 시장이 앞섰습니다.

자동차 시장에는 발끝에도 미치지 못하지만, 가라오케와 레토르트 카레의 시장 규모는 이미 넘어서고 있습니다. 현재 가챠가챠 시장의 규모가 어느 정도인지 대략 감이 오시나요?

머신의 수는 우체통의 3배 이상

다음으로 현재의 가챠가챠 시장을 나타내는 데이터를 하나하나 살펴보겠습니다. 전국에 설치되어 있는 머신(업계에서는 기체(筐体)라고 불리는 경우가 많은데, 이 책에서는 알기 쉽게 머신이라고 부르겠습니다)의 설치 대수는 60만 대를 조금 넘어서는(참고로 우체통은 18만 대) 것으로 추정되고, 설치 장소는 7만 곳(참고로 편의점은 약 5만 7,000개 점포)으로 추정된다고 합니다. 그중에서 최근 증가하고 있는 '가챠가챠의 숲(ガチャガチャの森)', '가샤폰 백화점(ガチャポンのデパート)', '가샤코코(ガシャココ)', '가챠스테(ガチャステ)', '#C-pla(시-플라)', '드림캡슐(ドリームカプセル)', '가챠도코로(ガチャ処)' 등의 가챠가챠 전문점의 수는 약 500개 점포로 추정됩니다. 또 가챠가챠 캡슐에 들어가는 내용물을 만드는 제조사는 현재 약 40개까지 늘었습니다.

전문점과 제조사가 함께 증가한 결과, 매월 발매되는 신상품 수는 평균 300개 시리즈 정도, 많을 때는 400개 정도까지 늘어납니다(한 시리즈는 5~10종으로 구성).

상품의 연간 생산 수량 추정치는 약 2억 2,000만 개로, 가장 큰 반다이가 그 중 1억 개 정도를 생산하고 있습니다. 나머지 1억 2,000만 개 중 업계 2위인 타카라토미아츠가 6,000만 개 정도, 나머지를 그밖의 30개가 넘는 회사에서 생산하고 있다는 말이 됩니다(2021년 일본가챠가챠협회 추정).

현재 가챠가챠 시장을 지탱하는 구매층은 성인 여성

다음으로 현재 가챠가챠 시장의 구매자 트렌드에 대해 설명하겠습니다.

최근 몇 년 가챠가챠 시장의 붐을 이야기하는 데 빼놓을 수 없는 것이 20~30대 젊은 여성 소비자의 증가입니다.

연배가 있는 분에게는 '가챠가챠=어린이를 위한 장난감'이라는 이미지가 강할지도 모릅니다. 요즘에도 어린이들 사이에서 가챠가챠가 인기 있는 것 또한 분명한 사실입니다. 하지만 저출산으로 어린이의 수가 줄어들고 있는 상황에서 어린이 고객만으로 시장이 확대되지는 않습니다. 오히려 지금의 가챠가챠 시장은 성인 여성 고객의 증가로 인해 확대되고 있는 것이 현실입니다.

해피넷이 2023년 1월에 발표한 '캡슐토이 성인 수요 실태조사'에 따르면, 여성의 경우 20대의 51.9%, 30대의 50.3%가 성인이 되고 나서 캡슐토이를 구입하기 시작했다고 답했습니다(도표 2). 참고로 같은 세대 남성의 경우는 20대의 37.4%, 30대의 32.4%가 동일한 대답을 했습니다. 그 외의 연령대에서도 30% 이상의 응답자가 성인이 된 이후에 캡슐토이를 구입하고 있다는 사실을 이 앙케이트 결과를 통해 알 수 있습니다.

오리지널 상품이 시장 확대를 이끈다

가챠가챠라고 하면 원래 어린이를 대상으로 한다는 점에서 '울트라맨', '가면라이더', '근육맨', '건담', '드래곤볼', '포켓몬스터', '프리큐어', '요괴워치', '디즈니', 최근에는 '귀멸의 칼날', '주술회전' 등 국내외 유명 캐릭터의 라이선스를 기반으로 만든, 이른바 캐릭터 상품이 기본 중의 기본입니다. 이는 지금도 변함 없습니다(도표 3).

하지만 최근 10년간을 살펴 보면, 유명 캐릭터에 기대지 않는 가챠가챠 오리지널의 '논 캐릭터(non-character)상품', 또는 애초에 캐릭터에 의지할 필요가 없는 잡화나 미니어처 등의 비중이 커지고 있습니다. 그 계기가 된 것이 2012년에 처음 발매한 이래 현재까지 누계 판매 2,000만 개라는 엄청난 기록을 세운, 가챠가챠의 역사에 남을 대히트 상품 '컵 위의 후치코(コップのフチ子)'(컵의 가장자리를 의미하는 '후치(フチ)'에 여자 이름에 흔히 쓰이는 '코(子)'를 붙여 만든 중의적인 표현의 네이밍—옮긴이)시리즈입니다.

이 '컵 위의 후치코'에 대해서 간단히 설명하자면, 당시 설립 6년 차의 신흥 제조사였던 키탄클럽이 만화가 다나카 가쓰키 씨와의 콜라보를 통해 탄생시킨

OL(Office Lady의 약자로 사무직 여성을 일컫는 말—옮긴이)풍의 여성 피규어입니다. '컵의 가장자리에 내려앉은 천사'라는 캐치프레이즈로 컵이나 머그잔에 걸터앉은 포즈로 장식하면서 즐길 수 있는 상품인데, 젊은 여성들 사이에서 '귀엽다'라는 평을 얻으며 엄청난 붐을 일으켰습니다. 마침 스마트폰의 보급이 이루어지던 시기와 맞물리면서 자신의 머그잔에 후치코를 걸터앉게 한 사진을 SNS에 올리는 사람이 많아졌고 그 또한 후치코 열풍에 박차를 가했습니다.

이 '컵 위의 후치코'의 대히트를 계기로 다른 제조사에서도 가챠가챠 오리지널 상품이 잇따라 발매되었습니다. 또 가챠가챠 업계에 새로운 가능성을 보여주면서 신규로 진입하는 기업도 나오기 시작했습니다.

도표 2 캡슐토이 구입 경험

전체		24.7%	7.7%	26.9%	6.4%	20.1%	14.2%
남성	20~29세	31.5%	5.9%	26.2%	4.9% 7.2%		24.3%
	30~39세	25.7%	6.7%	27.3%	4.9% 10.2%		25.2%
	40~49세	27.4%	5.1%	33.7%	4.1% 13.9%		15.7%
	50~59세	23.2%	5.5%	44.0%	4.8%	14.0%	8.5%
	60세 이상	8.8% 8.8%	21.1%	10.8%		38.3%	12.2%
여성	20~29세	43.7%		8.2%	23.9%	4.5% 4.7%	15.0%
	30~39세	43.9%		6.4%	25.9%	3.2% 7.5%	13.0%
	40~49세	31.0%	7.6%	28.2%	5.1%	16.1%	12.1%
	50~59세	27.6%	7.9%	26.9%	6.2%	19.6%	11.8%
	60세 이상	8.5%	13.8%	13.1%	8.8%	42.7%	13.1%

■ 어렸을 때 구입한 경험이 있고, 성인이 되어서도 구입하고 있다.
■ 어렸을 때 구입한 경험이 없지만, 성인이 되어서는 구입하고 있다.
■ 어렸을 때 구입한 경험이 있고, 성인이 되어서는 구입하지 않고 있다.
■ 구입하고 싶다고 생각한 적은 있으나, 구입한 적은 없다.
■ 구입하고 싶다고 생각한 적이 없고, 구입한 적도 없다.
■ 캡슐토이를 모른다.

출처: 주식회사 해피넷 <캡슐토이 성인 수요실태 조사> (2023년 1월)

도표 3 좋아하는 캡슐토이

		캐릭터	피규어	리얼 미니어처	동물·생물	기업 콜라보	트릭·유머 굿즈
	전체	**65.0%**	**34.1%**	**28.2%**	**24.3%**	**23.2%**	**20.0%**
남성	20~29세	73.2%	41.1%	17.9%	17.9%	30.4%	10.7%
	30~39세	62.5%	48.2%	30.4%	30.4%	35.7%	16.1%
	40~49세	67.9%	49.2%	21.4%	19.6%	14.3%	32.1%
	50~59세	67.9%	41.1%	26.8%	17.9%	23.2%	14.3%
	60세 이상	53.6%	41.1%	30.4%	19.6%	14.3%	25.0%
여성	20~29세	69.6%	23.2%	37.5%	21.4%	23.2%	21.4%
	30~39세	78.6%	25.0%	37.5%	23.2%	26.8%	19.6%
	40~49세	71.4%	33.9%	35.7%	32.1%	30.4%	26.8%
	50~59세	64.3%	16.1%	17.9%	32.1%	17.9%	17.9%
	60세 이상	41.1%	28.6%	26.8%	28.6%	16.1%	16.1%

		실용·편리 굿즈	먹을 것	인형·스퀴즈*	탈 것	기타	특별히 없음
	전체	**19.6%**	**19.5%**	**19.1%**	**15.0%**	**1.4%**	**5.9%**
남성	20~29세	17.9%	23.2%	23.2%	21.4%	0.0%	3.6%
	30~39세	21.4%	25.0%	23.2%	30.4%	3.6%	1.8%
	40~49세	19.6%	10.7%	12.5%	12.5%	0.0%	3.6%
	50~59세	8.9%	10.7%	7.1%	19.6%	0.0%	5.4%
	60세 이상	23.2%	12.5%	10.7%	25.0%	0.0%	14.3%
여성	20~29세	21.4%	25.0%	19.6%	10.7%	3.6%	3.6%
	30~39세	19.6%	21.4%	32.1%	8.9%	0.0%	1.8%
	40~49세	30.4%	26.8%	19.6%	7.1%	3.6%	1.8%
	50~59세	14.3%	17.9%	19.6%	3.6%	3.6%	10.7%
	60세 이상	19.6%	21.4%	23.2%	10.7%	0.0%	12.5%

출처: 주식회사 해피넷 <캡슐토이 성인 수요 실태조사> (2023년 1월)

* 만지작거리는 촉감을 즐기는 장난감

시장 전체로 보면 아직까지 캐릭터 상품이 주류를 이루고 있지만, 시장의 확대를 이끄는 역할을 하는 것은 오리지널 상품입니다. 미디어 등에서 현재의 가챠가챠 붐을 이야기할 때 상징적인 사례로 다루는 경우가 많은 것도 이러한 오리지널 상품입니다.

여성을 의식한 가챠가챠 전문점 연이어 오픈

'20~30대의 젊은 여성 고객'과 '가챠가챠 전문점'의 증가. 둘 다 지금 일어나고 있는 가챠가챠 시장의 확대(제4차 붐)를 설명하는 데 빼놓을 수 없는 요인인데, 이 둘 사이에는 명확한 상관 관계가 있습니다.

가챠가챠 전문점의 선구자로 불리는 '가챠가챠의 숲'은 기존에 가챠가챠 코너하면 떠오르는 이미지인 '어둡다', '좁다', '오타쿠 느낌'과 같은 요소를 모두 제거하고, 넓은 매장 전체를 밝은 느낌의 흰색으로 통일해서 여성이 들어오기 쉬운 청결한 분위기를 갖춘 매장으로 만들어 업계의 이미지를 완전히 새롭게 바꿔 놓았습니다. 뒤따라 오픈한 다른 전문점 체인도 인테리어와 색감 등에 조금씩 차이는 있지만 기본적인 콘셉트는 동일합니다.

'가챠가챠의 숲'에 따르면, 매장을 방문하는 고객의 성별 구성비는 여성 70%에 남성 30%의 비율이라고 합니다. 또 연령 구성비를 보면 20대부터 50대까지의 여성이 중심을 이루고 있습니다.

전문점의 증가에 따른 매장 면적의 확대는 급증하고 있는 가챠가챠 오리지

2012년 첫 발매 이래 시리즈 누계 1,500종, 총 누계 판매 2,000만 개를 넘어서는 대히트를 기록한 「컵 위의 후치코」. 가챠가챠만의 오리지널 캐릭터인 동시에, 성인 여성층에 침투하면서 당시 본격적으로 보급되기 시작한 SNS와 가챠가챠의 친화성을 보여주었다는 의미에서도 획기적인 시도가 된 상품으로, 현재의 가챠가챠 시장을 이야기하는 데 빼놓을 수 없는 존재다. ⓒ다나카 가쓰키 / KITAN CLUB

널 상품의 판매를 위한 채널(판로)의 역할을 하기도 합니다. 실제로 '가챠가챠의 숲'에서는 판매 아이템 중 캐릭터 상품과 오리지널 상품의 비율이 50% 대 50%로 동일하다고 합니다. 같은 전문점이라도 유명 캐릭터 상품을 많이 취급하는 반다이의 그룹사에서 경영하는 '가샤폰 백화점'의 경우 자연스럽게 캐릭터 상품이 차지하는 비중이 큰데, 최근에는 반다이 역시 트렌드를 반영한 오리지널 상품의 비중을 늘리고 있습니다. 전문점의 출현 및 증가에 따라 기존에는 비어 있는 공간을 활용하는 자투리 공간 비즈니스로서의 측면이 강했던 가챠가챠 시장이 이제는 단순히 상품을 구매하기 위한 '물질 소비'의 장이 아니라, 잡화점이나 100엔 숍처럼 특별히 살 게 없더라도 새로운 상품과의 만남을 기대하며 방문했다가 그렇게 무심코 뭔가를 구매하게 되는 그 시간 자체를 즐기는 '경험 소비'의 장으로 변모하고 있습니다.

코로나19로 비어 버린 공간에 전문점이 잇따라 입점

2020년에 시작되어 만 3년이라는 기간 동안 세계 경제에 막대한 영향을 미친 신종 코로나바이러스 감염증의 확산도 일본에서 가챠가챠 시장이 확대되는 데 있어서는 플러스 요인이 되었습니다.

인구가 많은 대도시를 중심으로 긴급사태 선언이 발령되면서, 백화점과 쇼핑몰 내 수많은 점포가 영업 중지를 피할 수 없게 되었습니다. 그중에는 그대로 폐점으로 내몰린 점포도 있습니다. 그렇게 해서 생긴 빈 공간을 채우기 위한 대안으로 주목받은 것이 가챠가챠 전문점입니다. 일반적인 머신의 경우 전기 등 광열비가 들지 않고 인건비도 필요 없기 때문에 출점에 드는 비용이 저렴합니다. 대규모의 공사를 할 필요도 없고 약 열흘 정도의 기간만 있어도 매장 오픈이 가능합니다. 그리고 머신만 설치해 두면 비대면으로 운영할 수 있기 때문에 감염의 확대로 이어질 염려도 없습니다. 무엇보다도 상품의 종류가 풍부한 가챠가챠는 다수의 머신을 설치해 두는 것만으로도 컬러풀한 공간이 완성됩니다.

처음에는 코로나로 궁지에 몰린 시설 측의 소극적인 이유에서 가챠가챠 매장의 유치가 시작되었지만, 외출이 제한되면서 먼 곳으로 여행을 가거나 테마파크 같은 곳에 놀러 갈 기회가 줄어든 와중에 식료품 등 생활필수품을 사기 위해 방문한 쇼핑몰에서 만나는 가챠가챠가 가까이 있는 저렴한 쁘띠 엔터테인먼트로서 인기를 얻게 되었습니다. 쇼핑하러 가는 김에 들른 가챠가챠 매장이 어느새 쇼핑몰을 방문하는 목적이 된 것입니다.

고가격화의 진행

현재 가챠가챠의 중심 가격대는 300엔으로, 200엔의 상품도 아직 남아 있는 한편 400엔, 500엔의 고가격 상품의 비율이 늘어나고 있습니다(도표 4). 단순히 물가의 상승이라는 측면에서 볼 수도 있겠지만, 어렸을 때 10엔이나 20엔으로 가챠가챠를 즐긴 경험을 가지고 있는 세대에게는 격세지감을 금할 길이 없지요.

고가격화가 진행되고 있는 배경에는 고객이 원하는 퀄리티를 실현하기 위해서, 또는 처음부터 성인을 타깃으로 상품을 기획하기 때문에 등 여러가지 이유가 있습니다. 물론 현재의 엔저 상황과 중국에서의 인건비 상승, 우크라이나 침공에 따른 원재료비 상승 등 국제 경제의 움직임과도 밀접한 관계가 있습니다.

가챠가챠의 경우 실물 동전만이 매개 역할을 하기 때문에 구매 의식이 다른 쇼핑과는 달라집니다. 1990년대 이후 100엔에서 200엔으로, 200엔에서 300엔으로 중심 가격대가 바뀌어 왔지만, 현대의 일본 소비자의 적정 가격에 대한 감각으로 봤을 때 동전을 사용하는 이상 300엔이 하나의 도달점이라는 생각이 듭니다.

도표 4 캡슐토이의 고가격화 진행
* '가챠가챠의 숲' 전 점포의 판매가 구성비

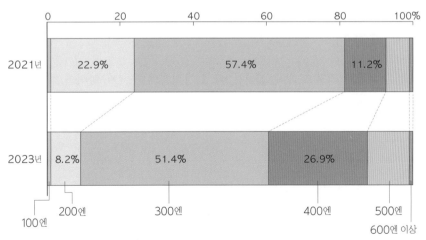

(주)2023년의 수치는 1~5월분.
출처: 주식회사 루루아크

반다이가 개발한 고가격 대응형 머신 '프리미엄 가샤폰'. 최고 2,500엔까지 가격 설정 가능.

그렇기는 하지만 최근 반다이에서 IC교통카드나 QR코드에 대응하는 캐시리스 머신이 등장했고, 이에 더해 2,500엔까지 적용 가능한 고가격 상품용 머신도 등장했습니다.

앞으로 전개될 시장 확대에 있어서 이 고가격화의 문제가 하나의 핵심이 될 것으로 보입니다.

온라인 판매 사이트도 등장

가챠가챠라고 하면 당연히 실제 머신이 놓여 있는 장소에 가야만 살 수 있다고 생각하는 분들이 많을 것입니다.

목표로 하는 상품을 찾기 위해 몇 군데의 점포를 돌아다녀 봤지만 끝내 손에 넣을 수 없어 괴로웠던 경험을 한 분도 있을지 모릅니다.

실제 머신을 돌리면서 목표로 하는 아이템을 손에 넣으려는 과정에서 일희일비하는 것이 가챠가챠의 묘미인 것은 분명하지만, 시간이 없는 사람을 위해 온라인 판매를 이용할 수 있는 환경도 형성되었습니다.

예를 들어 아마존 등의 이커머스 사이트에서는 시리즈를 세트로 구성해서 판매하고 있습니다. 가격 면에서는 비교적 높은 편이지만 '무엇이 나올지 모르는' 두근거림을 즐기는 것보다 효율적으로 컬렉션을 완성하는 것을 우선시하는 사람에게는 이커머스를 통해 구매하는 쪽이 편리하겠지요. 또 메루카리(일본의 중고마켓 애플리케이션-옮긴이)등 중고거래 비즈니스를 통해서도 갖고 싶은 상품이 올라와 있기만 하다면 살 수 있습니다.

또 각 제조사가 운영하는 온라인 판매 사이트에서도 구매가 가능합니다. 예를 들어 업계 선두인 반다이의 '가샤폰 온라인'에서는 자사의 상품들을 판매하고 있습니다.

가챠가챠의 두근거림을 인터넷으로도 즐기고 싶다면 'colone(콜로네)'를 추천합니다. 온라인상에서 가챠가챠를 돌려서 구매할 수 있는 사이트입니다. 돌려서 나온 상품이 이후에 배송되는 시스템입니다. 모든 제조사의 상품을 취급하고 있지는 않고 상품 구성은 여성을 대상으로 하는 캐릭터 굿즈가 중심을 이루고 있지만, 같은 상품이 또 나온 경우에는 사이트 내에서 교환할 수 있도록 되어 있습니다. 결제 방법은 신용카드 결제, 휴대전화 소액결제, 자체 포인트 결제의 3종류 중에서 선택 가능합니다. 배송료는 별도이기 때문에 실제 머신을 돌리는 것보다는 돈이 많이 들지만, 가챠가챠를 구매하는 하나의 선택지로 알아 두면 좋겠지요.

시장은 1,000억 엔을 향해 더욱 확대된다

이 항에서는 가챠가챠 시장의 현재를 이해하기 위한 다양한 토픽을 소개하겠습니다.

2020년에 610억 엔으로 사상 최대 규모가 된 가챠가챠 시장이지만, 앞으로 또 어디까지 성장할지는 솔직히 저도 잘 모르겠습니다.

판매 쪽에서 보면, 전문점 경영자 등 업계의 이야기를 들어 봤을 때 도심 지역의 쇼핑몰이나 어뮤즈먼트 시설 등에서 입점 요청이 높은 수준으로 계속 이어지고 있는 현재 상황, 그리고 다음 단계로 외곽 지역의 가두 점포로의 진출 가능성 등에서 여전히 성장할 수 있는 여지는 남아 있는 듯합니다. 물론 애프터 코로나로 회복되기 시작한 외국인 관광객 수요(inbound)의 확대에 거는 기대도 큽니다.

다음으로 구매 쪽으로 눈을 돌리면, 현재 가챠가챠 인구는 위로는 50대, 아래로는 미취학 아동까지 다양한 층으로 형성되어 있습니다. 그중에는 가챠가챠를 일 년에 몇 번 정도 밖에 돌리지 않는 라이트한 층도 있고, 거의 매주 전문점을 방문하고 인터넷으로 제조사의 신작 정보를 정기적으로 체크할 정도로 코어한 층도 있습니다.

공급을 하는 제조사가 다양한 팬층을 만족시킬 수 있는 상품을 계속해서 만들고, 또 팬들의 예상을 뛰어넘는 유니크한 상품을 기획할 수 있다면 시장은 앞으로도 당분간 성장을 계속 이어가지 않을까요.

물론 가챠가챠를 즐기는 방식이 지금 그대로 머무르리라고는 생각하지 않습니다. 이 책의 제4장에서 캐시리스, 디지털 콘텐츠의 판매 등 새로운 움직임에 대해서도 조금 다루고 있는데, 아날로그 특유의 즐거움이라는 부분은 그대로 남기면서 디지털화로 더욱더 편리하게, 더욱더 즐겁게 가챠가챠를 즐길 수 있게 하기 위한 시도가 업계의 각사에서 검토되고 있습니다. 이러한 부분들이 다시 한번 시장의 확대로 연결될 가능성이 큽니다.

과연 1,000억 엔선을 돌파하는 것이 가능할지 앞으로가 기대됩니다.

2

곧 60주년! 가챠가챠 업계 발전의 역사

가챠가챠의 역사를 되돌아 보는 것의 의의

앞서 가챠가챠 비즈니스의 현재 상황에 대해 이야기했는데, 이번 항에서는 곧 60주년을 앞둔 일본 가챠가챠 업계의 역사를 간단하게 설명하겠습니다.

1965년 일본에서 가챠가챠 비즈니스가 시작되었고 2023년으로 58주년을 맞이했으니, 그 역사는 벌써 반세기를 넘어섰습니다. 이후 여명기의 카오스적 상황과 몇 차례의 붐을 거쳐 쇼와(昭和), 헤세이(平成), 레이와(令和)에 이르기까지 쇠퇴하지 않고 계속해서 이어지고 있는 신기한 비즈니스인 가챠가챠가 지금까지 어떻게 진보해 왔는지 되돌아보고자 합니다.

젊은 세대에게 옛날 이야기 같은 건 그다지 흥미롭게 느껴지지 않을지도 모르지만, 알아 두면 결코 쓸 데 없는 지식은 아닙니다. 왜냐하면 가챠가챠는 일본이 세계에 자랑하는 문화이기 때문입니다. 제 이야기에 잠시만 귀를 기울여 주셨으면 좋겠습니다.

가챠가챠의 발상지는 미국이었다

현재와 같은 모습의 가챠가챠가 처음 시작된 시점은 지금으로부터 140년도 더 된 1880년대 미국 뉴욕으로 거슬러 올라갑니다. 당시 풍선껌이나 사탕, 연필, 향수 등을 무인판매기에서 판매했는데 설치 장소는 역 플랫폼, 담배가게 같은 곳이었습니다. 당시에는 캡슐에 들어 있었던 것이 아니라 내용물이 그대로 노출된 상태로 머신에 들어 있었다고 합니다.

1940년대 들어서 머신 안에 껌 외에도 셀룰로이드로 만든 작은 장난감을 섞어서 판매하게 되면서 이 장난감을 노리고 머신을 돌리는 어린이들이 늘어나기 시작했고, 어느새 장난감만이 독립적으로 팔리게 되었습니다. 부모님을 따라 외출했다가 지쳐서 울며 떼쓰는 아이들을 달래는 데 편리하다는 점에서 '셧업 토이(Shut up Toy)'라고 불렸다고 합니다. 이것이 지금까지 이어지고 있는 '무엇이 나올지 모른다'라는 요소를 갖춘 가챠가챠의 원형입니다. 그때까지만 해도 캡슐에 들어 있는 것이 아니라 내용물이 그대로 나왔기 때문에 위생적이지 않았습니다. 또 머신의 잦은 고장도 문제였던 것 같습니다. 1940년대 후반부터 캡슐 안에 상품이 들어 있는 지금의 형태가 되었습니다.

이 시대부터 제2차 세계대전을 낀 1960년대까지 캡슐 안에 들어 있는 완구를 만든 것은 사실 일본 회사였습니다. 도쿄의 가쓰시카구와 스미다구에 있는 소규모 마을공장에서 만든 미니어처 토이를 미국 회사에 수출했던 것입니다. 그렇게 해서 일본에서 만들어진 완구가 미국 어린이들의 컬렉션 토이가 되었습니다.

일본에 가챠가챠 비즈니스를 소개한 L.O. 하드맨

일본에서 수입한 미니어처 토이를 캡슐에 넣어 미국에서 판매하던 수입상사 중 하나로 '페니 킹'이라는 회사가 있었습니다. '페니(Penny)'란 1센트 동전의

◀ 전쟁 전후에 걸쳐 일본에서 미국으로 수출되었던 셀룰로이드제 완구

▼ 일본에 가챠가챠 머신을 공급한 페니 킹의 L.O. 하드맨

L.O.하드맨의 협력으로 일본에서 설립된 주식회사 페니상회의 간판

페니상회 개업 당시 가챠가챠 판매점 앞의 모습(사진제공: 주식회사 페니)

애칭입니다. 당시 미국에서는 가챠가챠의 가격이 1센트였기 때문에 '페니 킹'은 회사의 비즈니스 모델 그 자체를 표현하는 딱 맞는 사명이었습니다.

1965년 팬아메리칸무역이라는 일본 회사를 운영하던 오모다 테츠오 씨와 동생인 류조 씨가 당시 '페니 킹'의 사장이었던 L.O. 하드맨으로부터 머신을 공급 받아 도쿄의 다이토구에서 설립한 '주식회사 페니상회'가 일본에서 가챠가챠 비즈니스의 뿌리가 된 회사입니다. 미국에서 수입한 머신을 주력으로 하여 구멍가게나 문방구 앞에 두고, '10엔으로 세계의 장난감을 모으자!'라는 캐치프레이즈를 내걸고 미니어처 토이를 10엔에 판매했습니다.

이렇게 해서 1955년부터 1973년까지 '고도경제성장기'라고 불리는 시대에 일본에 가챠가챠가 도입된 것입니다.

또한 이 페니상회의 창립일이 1965년 2월 17일이었던 것에서 착안하여 매년 2월 17일을 '가챠의 날'로 정하고 있습니다.

페니상회는 그 후 타카라토미아츠의 계열사가 되어 현재도 '주식회사 페니'라는 이름으로 가챠가챠의 오퍼레이터 업무(사전 주문과 상품의 보충, 집금, 머신 설치 등)를 담당하고 있습니다. 가챠가챠 전문점이나 쇼핑몰 같은 곳에 가면 'PENNY'의 스티커가 붙어 있는 머신을 찾아볼 수 있습니다. 이 이름을 발견하고 일본에서 처음 가챠가챠 비즈니스를 시작한 페니상회와 일본에 가챠가챠를 소개한 L.O. 하드맨의 이름을 떠올려 주신다면 저로서는 기쁠 것 같습니다.

여명기의 가챠가챠① 어린이들 사이에서 급속히 퍼지다

이렇게 페니상회로 시작된 일본의 가챠가챠 비즈니스는 이듬해 1966년 1월에 아사히신문사에서 발행하는 잡지《아사히그래프》에서 다뤄지면서 전국에서 머신과 상품에 대한 문의가 쇄도하기 시작했다고 합니다. 아마도 이것이 일본의 메이저 매체에서 가챠가챠를 다룬 최초의 사례였을 것입니다.

당시 캡슐 안에 들어 있던 것은 일본이나 홍콩에서 만들어진 반지나 키홀더, 인형, 세계 국기 등이었습니다. 그중에서도 턱을 움직이면 눈알이 튀어나오는 구조의 해골 완구가 크게 히트했습니다. 앞서 언급한 《아사히그래프》의 기사에 '해골을 갖고 싶어서 3,000엔을 쓴 어린이가 있다'라는 내용이 쓰여 있었을 정도로 어린이들 사이에서 선풍적인 인기를 끌었습니다.

무엇이 나올지 모르는 두근거림과 구입한 후에 가지고 노는 재미, 이 두 가지 요소를 10엔으로 충족시켜 주는 가챠가챠는 어린이들의 마음을 사로잡았습니다. 또 당시의 구멍가게는 어린이들에게 있어 방과 후 교류의 장이었기 때문에 가챠가챠는 '미디어'로서의 역할도 했습니다.

여명기의 가챠가챠② 짝퉁 유행의 카오스 시기

이처럼 가챠가챠는 1970년대 이후 어린이들 사이에서 점점 퍼져 나갔습니다. '무엇이 나올지 모른다'라는 의미에서 가챠가챠는 어린이에게 처음 경험하는 겜블이기도 해서, 평소 다른 물건을 살 때는 맛볼 수 없는 스릴 가득한 경험이었습니다.

그중에서도 특히 인기 있었던 것은 '울트라맨' 등의 캐릭터 상품이었습니다. TV에서 보고 동경의 대상으로 삼았던 캐릭터를 10엔 또는 20엔으로 손에 넣을 수 있었으니 인기를 얻는 것이 당연합니다. 실제로는 원하는 상품이 나올 때까지 다섯 번, 열 번씩 돌려야 할 수도 있기 때문에 그 또한 인기에 박차를 가하는 요소였습니다.

무엇보다도 당시 대부분의 제조사는 지금과 같이 권리자와 제대로 권리 계약을 체결해야 한다는 의식이 약했기 때문에 이른바 짝퉁 천국이었습니다.

울트라맨이 유행하면 울트라맨 스타일의 피규어가, 포터블 뮤직플레이어인 '워크맨'이 유행하면 워크맨을 닮은 상품이, 쵸로Q가 유행하면 '치비Q'라는 이름의 짝퉁이 등장했습니다.

그 대표격이 1977년 시장에 진입한 코스모스라는 회사입니다. 자사에서 생산한 상품을 자사의 유통망을 통해 판매하는 비즈니스 모델로 한때 국내 시장 점유율 80%를 차지할 정도였습니다. 이 시대에 초등학생이었던 현재 45세 이상인 분들에게는 굉장히 친숙한 회사일 거라 생각합니다.

하지만 당시 어린이들에게 큰 인기를 얻었던 롯데의 '빅쿠리맨 초코실(ビックリマンチョコシール)'의 위조품을 대량으로 만들어 가챠가챠를 통해 판매하다가 롯데로부터 고소를 당해 배상금을 지불하게 된 사건(이른바 '롯치 사건')을 계기로 1988년 2월 업계에서 자취를 감추게 되었습니다.

코스모스와 같은 1977년, 현재도 업계 정상에 있는 반다이가 가챠가챠 시장

에 진입합니다. 대형 완구 제조사의 진입을 계기로 짝퉁이 서서히 시장에서
밀려나게 되었습니다.

제1차 붐: '근육맨 지우개'의 대히트

뭐든지 가능했던 혼돈스러운 여명기를 지나, 가챠가챠가 적법한 비즈니스로
서 정비되어 가던 시기에 시작된 것이 제1차 붐입니다.

제1차 붐의 주역은 '근육맨'이었습니다. '근육맨'은 1979년《주간 소년점프》에
서 만화의 연재가 시작됨과 동시에 어린이들 사이에서 순식간에 화제가 되었
고, 이후 애니메이션으로 만들어지면서 더욱더 광범위한 인기를 얻게 되었습
니다.

애니메이션으로 만들어진 시기와 같은 1983년, 이 '근육맨'에 등장하는 캐릭터
를 모티브로 한 고무인형 모양의 지우개, 통칭 '근육맨 지우개(キンケシ)'가 반
다이에서 가챠가챠로 발매되자 어린이들 사이에서 엄청난 붐이 일어나 무려
누계 판매 약 1억 8,000만 개라는 공전의 히트를 기록했습니다. 당시 아직 태
어나지 않았던 세대의 독자들을 위해 어떤 상황이었는지 설명하자면, 머신에
상품이 보충되는 동시에 어린이들이 몰려들어 눈 깜짝할 사이에 머신이 텅텅
비어 버리는 식이었습니다.

현재 50세 전후의 세대라면 그야말로 실시간으로 이 붐을 경험한 분이 많을
거라고 생각합니다. 실제로 '근육맨 지우개' 붐을 일으킨 주역은 1971년에서

1974년 사이에 태어난 제2차 베이비 붐 세대였습니다. 약 210만 명이라는 엄청난 규모의 세대가 어렸을 때 '근육맨 지우개'로 가챠가챠에 친숙해졌고 어른이 되어서도 가챠가챠를 돌리는 것에 저항감이 없다고들 이야기합니다.

또 그때까지 10엔이나 20엔이 주류였던 시대에 반다이가 돌연 100엔의 상품으로 시장에 진입했습니다. 이후 100엔이 중심 가격대가 되었습니다.

그리고 1988년에는 유진(현 타카라토미아츠)이 가챠가챠 시장에 진입, 반다이와 함께 양대 제조사가 시장을 리드하는 새로운 시대가 열렸습니다. 다른 말로 하면 여명기에 가챠가챠 시장을 지탱하고 있던 많은 제조사들이 퇴장하고 있었던 것입니다.

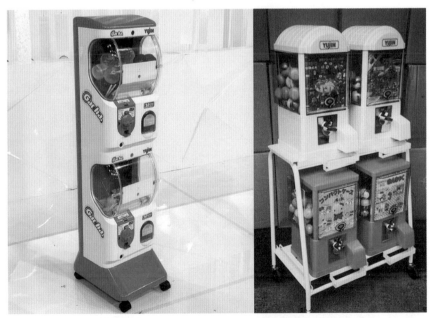

1995년 10월에 등장한 초대 슬림보이 / 슬림보이 개발 이전의 머신

제2차 붐: 상품과 머신 양쪽에 혁명이 일어나다

제2차 붐의 방아쇠가 된 것은 1994년에 반다이가 발매한 'HG(하이 그레이드) 시리즈 울트라맨(HGシリーズウルトラマン)'입니다. 그때까지 단색이었던 가챠가챠 피규어가 풀컬러화 되었고 동시에 조형 수준도 크게 향상되어 마니아들 사이에서 컬렉션 아이템으로서 인식되기 시작했습니다. 한편 타카라토미아츠도 1995년에 높은 퀄리티의 디즈니 캐릭터 피규어를 발매하여 어린이뿐만 아니라 엄마들을 포함한 여성층 전반의 마음을 끌면서 가챠가챠의 고객층은 더 넓어졌습니다. 이러한 상품의 성공으로 1996년 이후에는 200엔이 가챠가챠의 중심 가격대가 되었습니다. 또 1994년에 TV에서 '운수대통! 무엇이든 감정단'이라는 방송이 시작되었는데, 성인 가챠가챠 컬렉터가 등장하는 등 가챠가챠가 어린이뿐만 아니라 성인에게도 사랑받는 아이템이라는 사실이 대중에게 인식되기 시작합니다.

그리고 이 시기에 가챠가챠의 내용물뿐만 아니라 머신에도 큰 진화가 이루어집니다. 1995년 10월 유진의 자사 개발로 '슬림보이'라는 머신이 등장했습니다. 이는 머신 두 대를 위아래로 일체화시킨 획기적인 콘셉트였습니다.

그때까지의 가챠가챠 머신은 100엔용 머신과 200엔용 머신이 완전히 별개로 되어 있어 가격 변경이 불가능했습니다. 게다가 2단으로 쌓아 올릴 수 없어서 머신 수를 늘리기 위해서는 설치 장소의 면적을 확대하는 수밖에 없었습니다. 그것을 슬림보이가 100엔과 200엔을 자유롭게 변경할 수 있게 한 것입니다. 지금도 가격 설정을 300엔에서 400엔으로, 또는 반대로 변경할 수 있다는 이 스펙 자체에는 변함이 없습니다. 또 상품의 보충과 집금을 머신 앞쪽에서 실행할 수 있게 되면서 오퍼레이터의 작업도 매우 편리해졌습니다.

이 '슬림보이'의 도입 역시 가챠가챠 시장의 확대에 크게 공헌했습니다. 머신은 전원이 필요 없기 때문에 상하 2단을 놓을 공간만 있으면 몇 대라도 연결시켜서 바로 판매 장소를 세팅할 수 있습니다. 또 이동용 바퀴가 붙어 있어 이동도 간단했습니다. 그 결과 기존의 구멍가게나 문방구뿐만 아니라 패스트푸드점, 패밀리 레스토랑 등에도 가챠가챠 머신이 놓이게 되었습니다.

1995년은 마이크로소프트의 OS '윈도우 95' 발매를 계기로 PC가 급속도로 보급된 해이기도 합니다. PC의 보급으로 개인 블로그 운영이 유행하기 시작했고, 가챠가챠가 주는 재미에 대한 게시물을 올리는 사람이 많아졌습니다. 이 또한 가챠가챠가 정착하는 데 촉진제가 되었다고 생각합니다.

2000년대에 들어서는 리얼한 조형으로 유명한 카이요도가 만든 퀄리티를 중시한 동물이나 물고기 피규어가 등장하면서 가챠가챠의 구입층이 한층 더 확대되기 시작했습니다.

제3차 붐: '컵 위의 후치코'의 탄생

2012년에 키탄클럽과 만화가 다나카 가쓰키 씨의 콜라보레이션으로 탄생한 '컵 위의 후치코'가 발매되었습니다. 컵이나 머그잔 가장자리에 걸터앉은 듯한 모습으로 디자인된 OL 피규어는 특유의 유니크한 표정과 포즈로 성인 여성들 사이에서 화제가 되었고, 시리즈 누계 판매 2,000만 개라는 가챠가챠 역사

도표 5 연표: 가챠가챠 업계 발전의 역사

연대	1965년	1966년	1970년	1973년	1977년	1979년	1983년	1985년	1988년	1989년	1991년	1993년
가챠가챠 업계의 움직임	★여명기 / 2월 17일에 일본에서 처음으로 가챠가챠 판매를 시작한 주식회사 페니상회(현 페니) 설립				반다이 진입		★제1차 붐 / 시리즈 누계 약 1억8000만 개 판매의 큰 붐을 일으킴 <TV×출판×완구> 반다이가 근육맨 지우개를 발매		유진(현 타카라토미아츠) 진입			
일본과 세계의 움직임		일본 총인구 1억명 돌파	오사카 박람회 개막	엔의 변동환율제 이행&제1차 석유위기		제2차 석유위기	도쿄 디즈니랜드 개장	플라자합의에 의해 급격한 엔고 진행	버블경제가 피크로	버블경제 붕괴 & 냉전 종결	중국이 사회주의시장경제를 채택&	세계의 공장화가 진행
세태	고도경제성장기 1955~1973				안정성장기 1973~1986				버블경기 1986~1989			

44

1994년	1995년	2001년	2008년	2009년	2011년	2012년	2013년	2017년	2018년	2020년	2022년
★제2차 붐 〈머신 혁명×중국 퀄리티〉반다이가 풀컬러 HG울트라맨 시리즈를 발매 & 성인 팬을 확보	11월에는 디즈니 피규어 콜렉션을 발매 & 엄마 세대까지 침투 / 10월에 유진이 신형 기계 슬림보이를 시장에 내놓음			유진 등 4개 사가 통합해 타카라토미아츠 탄생		★제3차 붐 〈SNS와의 친화성〉 키탄클럽이 컵 위의 후치코를 발매 & 시리즈 누계 약 2천만 개 판매로 오리지널 상품으로는 이례적인 히트를 기록		루루아크가 가챠가챠의 숲 1호점을 오픈	★제4차 붐 〈상품의 다양화와 전문점의 급증〉 가챠가챠의 숲 & 가샤폰 백화점 등의 전문점 출점 / 러쉬가 시작됨		캡슐토이 시장규모가 약 610억 엔이라고 발표됨
	윈도우95 발매 / 한신 아와지 대지진 & 지하철 사린 사건	미국에서 동시다발적 테러 발생	리먼 쇼크(세계 금융위기) 발생				동일본대지진 발생 & 일본의 인구 감소 시작됨	스마트폰 보급률이 갈라파고스 휴대폰을 넘어섬		신종 코로나바이러스 감염증이 세계적으로 확대	

헤세이 버블 불황 1989~2018	레이와 2019~

에 남을 획기적인 상품이 되었습니다.

이 '컵 위의 후치코'가 크게 히트한 것을 계기로, 시장에 새로 진입한 회사들을 포함해 여러 제조사에서 성인 여성을 타깃으로 하는 가챠가챠 상품을 잇따라 선보입니다.

또 2012년은 '스마트폰 원년'이라고도 불리는데, 스마트폰의 보급 대수가 갈라파고스 휴대폰(세계 표준화와 무관하게 독자적으로 진화해 글로벌 시장에서 환영 받지 못하고 일본 국내에서만 팔리는 휴대폰을 의미—옮긴이)을 넘어선 해입니다. 스마트폰 사용이 활성화되면서 많은 사람이 자신의 SNS에 '컵 위의 후치코'의 사진을 올렸고, 이 붐이 전국적으로 확산되는 현상이 일어났습니다.

그리고 이 시기 이후부터 다양한 크리에이터와 제조사가 콜라보한 유니크하면서 디자인이 돋보이는 오리지널 가챠가챠가 연이어 등장했습니다.

제4차 붐: 전문점이 속속 개점

이렇게 성인을 타깃으로 하는 가챠가챠가 하나의 문화로 정착하게 되었고, 시간은 더 흘러 레이와(令和: 2019년~현재—옮긴이)를 맞이하자 이번에는 '가챠가챠의 숲', '가샤폰 백화점' 등의 전문점이 등장해 여성이 더 쉽게 가챠가챠를 구매할 수 있는 환경이 갖춰집니다.

또 이러한 전문점의 증가로 한때 가챠가챠에서 멀어졌던 과거의 어린이들이 현재의 가챠가챠의 높은 수준을 알게 되면서 다시 한 번 빠져드는 등 시장도 몸집을 한 단계 더 키우게 되었습니다.

시장이 몸집을 키우면서 상품의 종류도 더욱 다양해지기 시작합니다. 캐릭터 상품 중에서는 '귀멸의 칼날'이, 오리지널 상품 중에서는 '버스 하차 버튼' 등이 2019년쯤부터 유행하기 시작했습니다.

2020년에 들어서는 신종 코로나바이러스 감염증 확대의 영향으로 소비가 단숨에 꺾여버리면서 상업시설에서 임차인들의 철수가 이어지는 등의 사태를 맞이했지만, 그 구멍을 메우는 형태로 가챠가챠 판매 코너나 전문점의 입점이 진행되면서 코로나19 팬데믹에도 불구하고 가챠가챠 시장은 오히려 확대되어 갔습니다.

그 결과 가챠가챠 제조사도 약 40개까지 증가했고, 월간으로 발매되는 신제품은 300개 시리즈 이상으로 늘어나면서 소비자의 선택지는 더 넓어졌습니다. 중심 가격대도 300엔으로의 전환이 이루어졌습니다.

시대의 변화와 연동해 온 가챠가챠의 역사

지금까지 가챠가챠가 걸어온 역사를 되짚어 보았습니다(도표5).

미디어의 취재에 응할 때면 "가챠가챠 시장의 확대는 인터넷 친화성과 관계가 있는 것 같은데 어떻게 생각하세요?"라는 질문을 자주 받곤 하는데, 저는 가챠가챠가 일종의 미디어라고 생각합니다. 제1차 붐에서는 주로 TV, 제2차 붐에서는 블로그, 제3차 붐에서는 스마트폰, 현재의 제4차 붐에서는 전문점(리얼)과 SNS(인터넷)의 조합에서 볼 수 있듯이, 정보 전달 미디어의 발달과 연계한 형태로 가챠가챠 자체도 성장해 왔다고 생각합니다.

특히 요즘은 성인 여성층이 SNS에 올리는 내용이 TV나 인터넷 미디어의 뉴스로 연결되면서 가챠가챠가 세상에 더 널리 퍼지고 있다는 느낌이 듭니다. 저는 28년 넘게 가챠가챠 업계에 몸담아 오면서 '가챠가챠는 미디어다'라는 변치 않는 지론을 가지고 있습니다.

또 가챠가챠가 대변화를 이룬 제2차 붐 이후의 30년은 묘하게도 일본에서는 버블경제 붕괴 후의 '잃어버린 30년'으로 불리고 있습니다. 폐색감으로 뒤덮인 일본에서 가챠가챠가 많은 사람들의 지지를 받게 된 이유를 생각해 보면 꽤 흥미롭게 느껴지기도 합니다.

3

⏱

일본인은 왜 가챠가챠를 좋아할까?

가챠가챠 시장확대의 배경을 파헤쳐본다

구매자 조사를 통해 보는 가챠가챠의 매력

이 항에서는 미국에 기원을 둔 가챠가챠가 어떻게 일본에서 독자적인 발전을 이루었는지에 대해 제 나름대로 고찰해 보고자 합니다. 미디어 등에서 현재의 가챠가챠 시장 확대에 대해 이야기할 때 신종 코로나바이러스 감염증 확대가 오히려 공을 세웠다고 보는 경향이 있습니다. 물론 코로나의 영향을 부정하는 것은 아니지만, 그 이전부터 일본인은 가챠가챠에 매료되고 있었고 나아가 일본인의 민족성과도 관계되어 있기에 일시적인 붐으로 보는 시각은 옳지 않다고 생각합니다.

원래 일본인은 예부터 작고 귀여운 물건에 대한 애정, 그리고 그러한 것을 모으고 싶어하는 습성이 있는 것 같습니다. 전형적인 예로 고대의 토우(흙으로 만든 인형─옮긴이), 불상 등을 들 수 있는데, 현대에도 피규어나 미니어처, 캐릭터 굿즈 등을 모으는 사람이 많다는 점과 가챠가챠 사이에는 깊은 관계가 있지 않을까 하는 생각이 듭니다.

작은 캡슐에 들어 있는 장난감이 미국에서 일본으로 전해진 시점에서 이미 현재의 가챠가챠 시장의 번영은 어느 정도 약속되었던 것이 아닐까요.

해피넷이 2023년 1월에 발표한 '캡슐토이 성인 수요 실태 조사'에 따르면, '당신이 생각하는 캡슐토이의 매력은 무엇입니까'라는 질문에 가장 많이 나온 대답

은 '높은 퀄리티'였습니다. 그 뒤를 잇는 대답이 '무엇이 나올지 모르는 두근거림', '다양한 상품 구성', '낮은 가격으로 쉽게 구입 가능', '머신을 돌리는 즐거움' 순이었습니다(도표 6).

그럼 지금부터 하나하나 살펴 보겠습니다.

성인을 만족시키는 높은 퀄리티

앞서 가챠가챠의 역사에서 설명한 바와 같이 여명기에는 가챠가챠의 퀄리티가 결코 높지 않았습니다.

도표 6   캡슐토이의 매력

		높은 퀄리티	무엇이 나올지 모르는 두근거림	다양한 상품 구성	낮은 가격으로 쉽게 구입 가능	(캡슐토이의) 머신을 돌리는 즐거움	기타
전체		51.6%	46.1%	42.5%	38.6%	15.4%	1.4%
남성	남성평균	57.9%	41.1%	42.5%	38.6%	13.9%	0.4%
	20~29세	53.6%	41.1%	53.6%	46.4%	16.1%	0.0%
	30~39세	58.9%	42.9%	57.1%	41.1%	17.9%	0.0%
	40~49세	62.5%	33.9%	41.1%	33.9%	14.3%	0.0%
	50~59세	64.3%	35.7%	35.7%	33.9%	10.7%	1.8%
	60세 이상	50.0%	51.8%	25.0%	37.5%	10.7%	0.0%
여성	여성평균	45.4%	51.1%	42.5%	38.6%	16.8%	2.5%
	20~29세	41.1%	48.2%	46.4%	46.4%	16.1%	1.8%
	30~39세	48.2%	51.8%	44.6%	37.5%	21.4%	3.6%
	40~49세	48.2%	69.6%	41.1%	35.7%	25.0%	0.0%
	50~59세	39.3%	41.1%	30.4%	35.7%	8.9%	7.1%
	60세 이상	50.0%	44.6%	50.0%	37.5%	12.5%	0.0%

출출처: 주식회사 해피넷 '캡슐토이 성인 수요 실태 조사' (2023년 1월)

하지만 시대의 변천에 따라 퀄리티는 계속 높아졌고, 이제는 성인을 만족시킬 정도의 높은 수준을 실현하게 되었습니다.

이러한 높은 퀄리티는 일본인이 본래 지닌 모노즈쿠리의 실력과 고집으로 만들어질 수 있었다는 사실은 말할 필요도 없습니다. 단가 몇 백엔짜리 상품에 대해 이 정도까지 철저하게 퀄리티를 추구하는 만족할 줄 모르는 탐구심을 외국인들이 보면 다들 놀라워합니다. 최근 제조업의 세계에서 '메이드 인 재팬' 브랜드의 평판이 다소 떨어지고 있는 경향이기는 하지만, 이제는 가챠가챠야말로 '메이드 인 재팬'의 우수함을 대표하는 상품이 되었는지도 모릅니다.

'무엇이 나올지 모른다'를 중요하게 생각하는 문화성

가챠가챠의 가장 큰 특징은 '무엇이 나올지 모른다'라는 점입니다. 상품의 높은 퀄리티와 다양화도 빼놓을 수 없는 부분이지만, 이 특징이야말로 오락의 다양화가 이루어진 현대에 이르러서도 가챠가챠가 독립적인 지위를 가질 수 있게 만들어 주는 요인이라고 생각합니다.

머신에 동전을 투입한다. '꼭 그 아이템이 나왔으면' 하고 마음속으로 빌면서 손잡이를 돌린다. 덜커덩 하고 나온 캡슐 속 내용물을 재빨리 확인한다. 당첨이라면 마음 속으로 '만세', 꽝이라면 한 번 더 시도해 볼지 말지를 고민한다. 요즘 전문점에 가 보면 사람들의 시선을 신경쓰지 않고 마치 신에게 기도하는 듯한 자세를 하면서 손잡이를 돌리는 사람도 보이는데, 그런 모습을 보면 절로 미소가 지어집니다.

가족 또는 친구와 함께라면 나이가 많든 적든 아무 생각 없이 그 장소에서 신나게 분위기를 띄우며 즐길 수 있습니다. 현재 50세 이상이라면 다들 어렸을 때 가챠가챠를 해 본 경험이 있기 때문에 오랜만에 동심으로 돌아가서 무엇이 나올지 기대하며 즐거운 분위기가 형성됩니다.

어쩌면 이렇게 '무엇이 나올지 모른다'라는 가챠가챠의 본질은 일본의 옛 오미쿠지(신사나 절에서 길흉을 점치기 위해 뽑는 제비-옮긴이)문화와 연결되는 부분이 있는지도 모릅니다. 신사나 절에서 만날 수 있는 오미쿠지도 길흉을 점치기 위해 가볍게 해 보는 것입니다. 대길(大吉)이 나오면 크게 기뻐하고, 대흉(大凶)이 나오면 낙담합니다. 어떻게 보면 일종의 쁘띠 겜블이라고 할 수 있는데, 어쩌면 일본인의 DNA에 새겨져 있는 게 아닐까 싶습니다.

예상컨대 앞으로 가챠가챠의 비용 지불 방식은 동전에서 캐시리스의 시대로 나아가겠지만, 이 '무엇이 나올지 모른다'라는 포인트는 바뀌지 않을 거라 생각합니다.

다양한 상품 구성

현재 매월 발매되는 가챠가챠 신상품은 약 300~400개 시리즈라고 하는데, 2020년의 시점에는 약 200개 시리즈 정도에 지나지 않았습니다. 최근 몇 년에 걸쳐 종류가 급격하게 늘어나면서 상품 구성이 풍부해진 것도 현재의 가챠가챠 시장의 인기를 보여 주는 부분입니다.

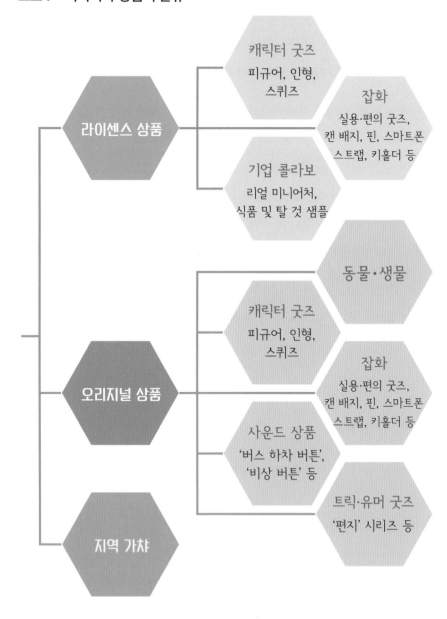

캐릭터 굿즈
피규어, 인형,
스퀴즈

잡화
실용·편의 굿즈,
캔 배지, 핀, 스마트폰
스트랩, 키홀더 등

라이센스 상품

기업 콜라보
리얼 미니어처,
식품 및 탈 것 샘플

동물·생물

캐릭터 굿즈
피규어, 인형,
스퀴즈

잡화
실용·편의 굿즈,
캔 배지, 핀, 스마트폰
스트랩, 키홀더 등

오리지널 상품

사운드 상품
'버스 하차 버튼',
'비상 버튼' 등

트릭·유머 굿즈
'편지' 시리즈 등

지역 가챠

상품도 기존의 캐릭터를 베이스로 하는 피규어나 현실에 존재하는 사물의 미니어처에 더해 실용성 있는 잡화, 뒤에 설명할 '트릭 계열'이라고 불리는 불가사의 굿즈 등 실로 다채로워졌습니다(도표 7). 그리고 각각의 상품 계통별로 팬이 존재합니다.

가챠가챠 상품은 완구 카테고리에서 잡화 카테고리까지 폭넓은 장르로 확대되고 있습니다.

낮은 가격으로 쉽게 구입 가능

앞서 이야기했듯이 현재 가챠가챠의 중심 가격대는 300엔입니다. 각 업계 전반에 걸쳐 물가가 상승하고 있는 가운데 이 정도면 꽤 선방 중이라고 할 수 있겠지요.

마찬가지로 어린이나 젊은 세대에게 인기 있는 크레인 게임도 1회에 100엔 또는 200엔으로 즐길 수 있지만, 목표로 하는 상품을 획득할 때까지 보통 1,000엔 정도는 쓰게 됩니다.

그 점에서 가챠가챠는 목표로 하는 상품이 무엇인지는 둘째 치고, 아무것도 얻지 못할 일은 애초에 없기 때문에 크레인 게임보다 매력적으로 느끼는 사람이 많은 것 같습니다.

'쿠라스시'에 도입된 「빅쿠라폰!」
다른 회전초밥 체인과의 차별화를 위해 가챠가챠 시스템을 도입했다.

머신을 돌리는 즐거움

'무엇이 나올지 모르는 두근거림'과도 같은 맥락인데, 실제로 자신의 손을 움직여서 목표로 하는 상품을 획득하는 즐거움은 물질이 넘쳐나는 지금 같은 시대에 그야말로 '경험 소비'라고 할 수 있습니다.

이러한 가챠가챠의 특성은 마케팅 수단으로도 다양하게 응용할 수 있다고 생각합니다. 예를 들어 패밀리 레스토랑 체인인 '가스토'에서는 세트 메뉴를 주문한 어린이에게 전용 코인을 제공해 오리지널 굿즈가 들어 있는 가챠가챠를 즐길 수 있게 하고 있습니다. 이를 한층 더 확대시킨 것이 회전초밥 체인 '쿠라스시'입니다. 접시를 5개 주문할 때마다 게임을 1회 즐길 수 있고, 당첨이 나오면 가챠가챠 머신에서 경품이 나오는 형식입니다. 두 업체 모두 어린이 고객에게 매우 좋은 반응을 얻고 있는데, 다음에 또 '가스토'나 '쿠라스시'에 가고 싶다고 부모님을 조르게 하기 위한 집객 수단으로서 가챠가챠를 활용하고 있습니다.

어린이 고객의 집객뿐만이 아닙니다. LCC(저비용 항공회사) 피치 애비에이션은 2021년부터 성인을 대상으로 가챠가챠 시스템을 이용한 '여행뽑기'라는 타이틀의 캠페인을 실시하고 있습니다. 1회 5,000엔으로 '여행뽑기' 가챠가챠를 구매하면(결제는 PayPay) 캡슐 안에는 여행지의 이름과 그곳에서 수행할 미션이 적힌 종이, 그리고 지정된 여행지로 가는 왕복항공권 티켓(피치 한정) 구입 시 사용 가능한 6,000엔 이상의 쿠폰이 들어 있습니다. 구매자가 지정된 목적지로 가는 항공권을 구입할 때 쿠폰을 사용하면 그 금액만큼 할인 받을 수 있는 구조입니다. '여행지의 결정을 가챠가챠에게 맡긴다'라는 두근거림으로 좋은 반응을 얻어 지금도 여전히 시행 중입니다.

현재 각 지역에서 이루어지고 있는 지역 활성화에도 집객을 위한 수단으로 가챠가챠를 활용하는 사례를 많이 볼 수 있습니다. '무엇이 나올지 모른다', '직접 손잡이를 돌린다'라는 쁘띠 엔터테인먼트적인 특성은 이벤트의 분위기를 띄우기에 딱 좋은 요소가 됩니다.

가챠가챠 시스템을 활용해 기부금을 모으는 활동도 각지에서 일어나고 있습니다.

예를 들어 지진이나 호우 등의 재해로 막대한 피해를 입은 지역에서는 공민관이나 쇼핑몰, 유원지 등에 가챠가챠 머신을 설치하고 매출의 일부를 피해 지역에 기부하는 프로젝트가 자주 진행됩니다.

일본에는 기부 문화가 없다는 이야기를 많이 하는데, 가챠가챠를 즐기면서 동시에 기부도 할 수 있는 방식을 통해 기부의 허들을 낮추는 효과가 있습니다. 이 또한 가챠가챠의 활용 사례입니다.

가챠가챠라면 갖고 싶어지는 미스터리

현재 다양하게 전개되고 있는 가챠가챠 상품 중에서는 그대로 인테리어 소품으로 활용할 수 있는 정밀한 미니어처와 피규어, 또는 실용성 있는 파우치나 가방 등이 있는데, 최근 늘어난 것이 이른바 '트릭 계열'이라고 불리는 용도 불명의 불가사의한 상품군입니다.

예를 들어 키탄클럽의 히트작인 '오니기린구(おにぎりん具)'(주먹밥을 뜻하는 '오니기리', 반지의 '링', 속재료를 뜻하는 '구'를 합쳐 만든 네이밍—옮긴이)는 오니기리 모양의 케이스 안에 장난감 반지가 들어 있습니다. 이 외에도 '버스 하차 버튼(バスの降車ボタン)' 시리즈 등은 버스 굿즈 수집가가 아니라면 굳이 방에 두고 싶어하는 사람은 없을 테고, 실제로 사용하려고 해도 사용할 수 있는 장소가 한정적입니다. 하지만 이 상품은 '평소 맘껏 누를 수 없는 버튼을 거리낌 없이 누를 수 있다'라는 콘셉트가 통해서 크게 히트했고, 가챠가챠 시장에서 이른바 '사운드 상품'이라는 새로운 카테고리가 만들어지는 계기가 되었습니다. 최근에는 '여동생에게서 온 편지(妹からの手紙)'나 '생판 모르는 사람의 증명사진(赤の他人の証明写真)', '손으로 쓴 어머니의 비밀 전수 카레 레시피(手書きお母さんの秘伝カレーレシピ)', '갸루가 접은 종이학(ギャルが折った折鶴)' 등이 화제가 되었습니다.

이렇듯 실용성이 거의 없는, 마치 코미디언이 하는 한방의 개그 같은 아이템의 존재 역시 현재 가챠가챠의 인기를 지탱하고 있는 요소입니다. 아마 이러한 상품은 슈퍼마켓 계산대 옆에 놓여 있다고 해도 분명 아무도 사지 않겠지요. 하지만 가챠가챠 상품이라면 앞서 이야기한 '무엇이 나올지 오른다'라는 엔터테인먼트성이 더해지면서 왠지 모르게 갖고 싶어집니다. 물론 300엔이라는 가격도 지갑을 열 때 허용 가능한 아슬아슬한 레벨이라고 할 수 있습니다. 필요 없어지면 친구에게 '이거 줄게!' 하고 선물해도 되니까요.

이러한 '유머 계열' 굿즈는 SNS에서 '이런 것도 나왔네요…' 하고 관심을 끌면서 대화의 소재로 삼거나 웃음을 이끌어내기 위한 커뮤니케이션 툴로서 구입하고 있는 것이 아닌가 싶습니다.

기본적으로 재생산은 NO. 발견하고 갖고 싶어졌다면 그 자리에서 득템하지 않으면 영원히 입수 불가능

제2장에서 자세히 설명하겠지만 가챠가챠 비즈니스는 '3개월 전 수주', '반품 없음'이라는 시스템이어서 제조사는 사전에 주문 받은 수량만 생산하고, 크게 히트한 상품이 아니라면 기본적으로 재생산은 없습니다. 판매점도 기본적으

로 같은 상품을 다시 입하하지 않습니다. 즉 완판되면 그걸로 끝이어서 발견했을 때 그 자리에서 손에 넣지 않으면 영원히 가질 수 없다는 말이 됩니다.

인기 있는 상품의 경우 며칠만에 매진되는 경우도 적지 않고, 극단적으로 말하면 출근길에 발견하고 갖고 싶어져서 퇴근길에 사야지 하고 생각했더라도 그 사이에 완판되어 버리는 일도 있습니다. 상품에 따라 초기 생산 단위 수량이 다르기 때문에 발견했을 때 구매하지 않으면 정말 살 수 없어지는 경우도 생기는 것입니다.

'가챠가챠의 숲' 같은 전문점이라면 손에 넣을 수 있는 확률이 올라가지만, 같은 생각을 하는 사람이 많기 때문에 그만큼 경쟁률도 높아집니다. 또 전문점이라도 입지에 따라 상품 구성이 달라져서 목표로 하는 상품을 바로 가질 수 있다고 장담할 수도 없습니다.

물론 인터넷 판매를 이용하거나 중고마켓에서 구입하는 방법도 있지만, 목표로 하는 상품을 원하는 타이밍에 적절한 가격으로 손에 넣을 수 있을지는 미지수입니다.

따라서 제가 드리는 어드바이스는 '갖고 싶은 상품을 발견했다면, 가능한 한 그 자리에서 손에 넣자'입니다.

이러한 '그 자리에서 손에 넣지 않으면 다음에 언제 입수할 수 있을지 모른다'라는 희소성도 보물찾기와 일맥상통하는 부분이 있어서 수집가의 심리를 자극해 가챠가챠의 인기를 높이는 요인이 되었다고 생각합니다.

SNS와의 좋은 상성, 경험 소비를 즐기다

2012년 '컵 위의 후치코'의 엄청난 열풍에서 볼 수 있듯이, SNS와의 상성이 좋다는 점도 현재의 가챠가챠 시장의 인기를 이끄는 요인입니다.

유니크한 상품을 발견했을 때의 놀라움, 멋지게 컬렉션을 완성하거나 좀처럼 나오지 않는 레어 아이템을 손에 넣었을 때의 기쁨을 인스타그램 등에 올린다, 또는 각각 다른 제조사의 캐릭터나 미니어처를 조합해서 디오라마(여러 가지 소품들로 적절한 배경과 함께 하나의 상황이나 장면을 구성해 내는 것-옮긴이)스타일로 오리지널의 세계관을 창조한다, 친구들에게 '재미있네'라는 말을 들으며 점점 확산시킨다, 이렇게 SNS에서 주목을 끄는 소재의 하나로 가챠가챠는 부담 없는 가격으로 커뮤니케이션을 중개할 수 있는 도구인 것입니다. 말하자면 가챠가챠는 SNS라는 새로운 미디어의 소재로서 최적의 아이템이라고 할 수 있습니다.

기존의 가챠가챠의 즐거움은 '수집한다', '정리한다', '꾸민다'라는 개인적으로 마무리되는 영역이었지만, SNS의 보급에 따라 '(다른 사람에게) 보여주고 싶다'라는 니즈가 새롭게 추가되었습니다.

이러한 가챠가챠와 SNS의 관계를 반영해 최근 증가하는 가챠가챠 전문점의 다수는 매장 내에 촬영 부스나 촬영 스팟을 설치해서 고객이 구매한 상품으로 그 자리에서 촬영을 즐기고 SNS에 업로드할 수 있도록 하고 있습니다. 이렇게 가챠가챠는 상품 소비가 아닌, 그야말로 경험 소비인 것입니다.

기업과 가챠가챠의 콜라보 가챠가챠로 브랜딩!

이미 가챠가챠의 한 장르가 된 '기업 콜라보 상품'

지금까지 가챠가챠 시장의 현재 상황과 지금까지의 역사, 그리고 가챠가챠가 일본에서 인기를 얻고 있는 배경에 대해 알아보았습니다. 이 장의 마지막으로는 최근 몇 년 사이 빼놓을 수 없는 트렌드가 된 기업과의 콜라보레이션 가챠가챠(이 책에서는 '기업 콜라보 상품'으로 표현하겠습니다)의 증가에 대해 이야기하려고 합니다.

기업과 가챠가챠의 콜라보의 역사는 의외로 긴데, 1990년대에는 코카콜라, 모리나가 제과 등과 타이업(Tie-up)한 가챠가챠가 있었습니다. 그리고 1995년에서 1998년 사이에는 맥도날드 매장에 가챠가챠 기계가 놓여 있었고, 이를 통해 햄버거, 감자튀김 등의 메뉴를 모티브로 한 키홀더나 마그넷을 판매하던 것을 기억하는 분도 있을 것입니다.

다만 그 당시 가챠가챠 제조사에게 있어 '기업 콜라보 상품'은 결코 메이저 장르가 아니었고, 굳이 말하자면 이슈 만들기의 일환으로서 한 번씩 발매하던 정도였던 것 같습니다. 기업과 정식 라이선스 계약을 체결하는 경우도 있었지만, 개중에는 회사명을 한 글자만 바꿔서 패러디 상품으로 나온 경우도 있었습니다. 기업 측의 인식도 '가챠가챠=어린이용 장난감'이라는 이미지가 강하다 보니 자사의 마케팅이나 브랜딩을 위해 가챠가챠를 활용하고자 하는 의식은 거의 없었을 거라 생각합니다. 초기에 콜라보를 진행한 상대가 과자 회사, 패스트푸드점과 같이 어린이에게 친숙한 기업이었던 것을 보면 그런 인식

이 설명됩니다. '기업 콜라보 상품'에 있어 큰 전환기가 된 것이 2016년 타카라토미아츠에서 제1탄이 발매된 일본우편과의 콜라보 상품 '우체국 가챠 컬렉션(郵便局ガチャコレクション)' 시리즈입니다. 일본우편이라는 딱딱한 이미지의 대기업과 가챠가챠의 조합에서 오는 의외성도 그렇고, 실제로 존재하는 우체통 등을 충실하게 미니어처로 만들어서 세부적인 부분까지 정밀하게 재현한 점이 화제가 되었습니다.

이어서 마찬가지로 타카라토미아츠에서 2019년에 제1탄이 발매된 'NTT동일본 공중전화 가챠 컬렉션(NTT東日本公衆電話ガチャコレクション)' 시리즈는 실물과 헷갈릴 정도의 완성도가 더해졌고, 스마트폰의 보급으로 공중전화 사용 방법을 모르는 젊은 세대가 증가했다는 점과 맞물리면서 계몽의 역할로도 화제가 되어 누계 판매 200만 개라는 큰 히트를 기록했습니다.

현재는 다양한 제조사가 '기업 콜라보 상품' 장르에 진입했고, 전문점에 가면 하나의 코너가 만들어져 있을 정도로 많은 종류의 상품이 발매되고 있습니다. 기업이 선보이는 상품(현재 판매 중인 상품도 많지만 오디오 등 과거에 나왔던 인기 상품도 있습니다)을 충실하게 미니어처로 재현해서 장식용으로 쓸 수 있게 한 상품이나, 미니어처를 키링으로 만들어 가방 등에 달 수 있게 한 상품들이 중심을 이룹니다.

콜라보하는 기업도 오디오 제조사, 주차장 서비스, 음료 제조사, 주조회사, 식품회사, 외식업체 등 B2C 기업을 중심으로 다양한 업계에 걸쳐 있습니다.

최근 급속도로 증가하고 있는 '기업 콜라보 상품' 가챠가챠
기업에게는 소비자와의 새로운 커뮤니케이션 수단이 되고 있다.

'기업 콜라보 상품'이 증가하는 이유

가챠가챠 시장에서 '기업 콜라보 상품'이 증가하게 된 배경에는 여러가지 요인
이 존재합니다.

먼저 '가챠가챠=어린이용 장난감'이라는 기업 측의 고정관념이 깨지고 있다는
점을 들 수 있습니다. 오히려 SNS와 상성이 좋다는 점에서 가챠가챠가 고객과
의 새로운 커뮤니케이션 툴로서 주목받게 되었습니다.

자사의 상품이 가챠가챠로 탄생하는 것은 기존 고객에게 어필이 될 뿐만 아

니라, 지금까지 닿지 못했던 고객에게 자사의 브랜드와 상품을 자연스럽게 노출시키는 것으로도 연결됩니다. 자사의 상품이 가챠가챠로 만들어지는 것 자체가 뉴스가 되기 때문에 유명하고 인기 있는 기업은 물론, 굳이 표현하자면 은둔의 고수 같은 작은 기업 역시 가챠가챠라는 친근한 상품을 통해 자사의 존재나 기술력을 많은 이들에게 어필하고 팬이 생기기를 기대할 수 있는 것입니다. 게다가 계약 내용에 따라 달라지기는 하지만, 원형 비용이나 금형 비용 등 제작 비용은 기본적으로 가챠가챠 제조사가 부담하기 때문에 기업에서는 비용도 들지 않습니다. 그리고 역사가 긴 기업의 경우 과거의 상품을 미니어처라는 입체적인 형태로 남길 수 있다는 점 또한 의외의 매력으로 비춰지는 것 같습니다.

한편 가챠가챠 제조사의 입장에서도 '기업 콜라보 상품'은 유명 캐릭터 상품만큼의 매출을 기대하기는 어렵지만, 높은 화제성과 안정적인 판매를 예상할 수 있습니다. 경우에 따라서는 개발 비용을 기업 측이 부담해 주거나 프로모션용 상품으로 쓰기 위해 일정 수량을 별도로 주문할 가능성도 기대할 수 있는 등의 메리트가 있습니다.

가챠가챠를 좋아하는 세대가 기업의 홍보 담당자로

이렇게 기업과 제조사 모두에게 메리트가 있는 '기업 콜라보 상품'인데, 예전에는 가챠가챠 제조사에서 기업 측에 상품화 제안을 하는 경우가 많았지만, 최근에는 기업에서 먼저 제안을 하는 경우가 늘어나고 있는 듯합니다. 제가 대표를 맡고 있는 일본가챠가챠협회에도 '우리 상품을 가챠가챠로 냈으면 하는데 어떻게 하면 되는지 알고 싶다'라는 내용의 문의가 증가하고 있습니다.

최근에는 기업 홍보 부서의 젊은 직원들 중에서 가챠가챠를 좋아하는 사람이 많아진 것을 볼 수 있는데, 이미 가챠가챠의 재미를 알고 있는 상태에서 미팅에 참석하기 때문에 제조사 입장에서 가챠가챠에 대해 처음부터 설명할 필요가 없다는 이야기가 들려 오기도 합니다.

가토 시즈에

주식회사 타카라토미아츠 가챠·캔디
사업부 가챠기획부 기획2과 과장.
미술대학 졸업 후 완구 회사의 크레인
게임 경품 제조 부서에서 근무. 2006
년에 주식회사 유진(현 타카라토미아
츠)에 입사. 지금까지 다양한 상품의
기획·개발을 담당해 오고 있다.

Interview

하나의 장르가 된
「기업 콜라보 상품」
개발에서 중요시하는 것은
기업의 과제 해결 서포트!

다양하게 전개되는 가챠가챠 라인업 중에서 최근 몇
년 사이 하나의 장르로 정착한 것이 이른바 '기업 콜
라보 상품'이라 불리는 아이템입니다. 소비자의 입장
에서는 애착을 가지고 있는 상품을 손바닥만한 사
이즈로 컬렉션할 수 있다는 매력이 있는 한편, 기업
의 입장에서도 자사의 브랜딩 및 소비자와의 커뮤니
케이션 수단의 하나로 활용할 수 있다는 점에서 가
챠가챠가 주목받고 있습니다. 지금까지 수많은 '기업
콜라보 상품'을 선보여 온 타카라토미아츠의 가토 시
즈에 씨에게 기업 콜라보 가챠가챠만의 재미, 상품을
만들 때 반드시 고수하려고 하는 포인트 등에 대해
들어 보았습니다.

「사가와 남자 시츄에이션 심쿵 굿즈(佐川男子シチュ萌えグッズ)」
시리즈의 일부. 릴리프 마그넷(왼쪽 위)과 거울(오른쪽 위),
도장 케이스(왼쪽 아래)

기업 콜라보의 재미를 알게 해준
'사가와 남자' 피규어

— 가토 씨는 오랫동안 타카라토미아츠에
서 가챠가챠 기획을 담당해 왔는데, 그중에
서도 이른바 '기업 콜라보 상품'을 많이 다
루고 계시죠?

가토 네. 일반적인 라이선스 캐릭터를 이용한 아이템도 많이 만들고 있지만,
2013년에 사가와 익스프레스와 콜라보한 '사가와 남자 시츄에이션 심쿵 굿즈'
를 통해 기업 콜라보 가챠만의 매력에 눈뜨게 되었습니다.

— '사가와 남자'란 사가와 익스프레스에서 근무하는 남성 택배기사의 애칭
이죠. 같은 타이틀로 2012년에 발매된 사진집이 베스트셀러가 되었습니다. 그
사가와 익스프레스와 콜라보를 진행한 것인데, 당시에는 '기업 콜라보 상품'이
지금처럼 많지는 않았던 것 같은데요.

가토 그렇습니다. '사가와 남자'처럼 기업으로부터 공식적으로 라이선스를 획
득해서 상품화한 사례는 드물지 않았나 생각합니다.

— 기획은 순조롭게 진행되었나요?

가토 택배기사 분들은 연예인이 아닌 일반인이기 때문에 사내 회의를 진행했
을 때 '정말로 팔릴 것인가'에 대한 의구심이 있었고, 기획안을 통과시키는 것
도 쉽지 않았습니다. 하지만 개인적으로는 새로운 발상의 가챠로 분명 화제가
될 거라는 자신이 왠지 있었습니다. 당시 '컵 위의 후치코'가 크게 히트했고

'안경 남자(メガネ男子)'나 '근육 남자(筋肉男子)' 같은 'OO남자'가 유행하고 있었기 때문에, 책상 위에 올려 둘 수 있는 '사가와 남자' 피규어는 이러한 트렌드에 비집고 들어갈 요소도 있고 한방이 있어서 분명 미디어에서도 화제가 될 거라고 생각했습니다.

— 실제로 '사가와 남자'는 좋은 반응을 얻었고, 가토 씨의 예전 잡지 인터뷰 기사를 보니 사가와 익스프레스에서 홍보용 상품 생산에 대한 상담도 있었다고 하던데요.

가토 네, 택배기사 분들에게 새해 인사로 '사가와 남자' 가챠를 보내고 싶다는 이야기가 나오면서 생각지도 못하게 주문을 받게 되었습니다. 사가와 익스프레스에는 굉장히 많은 직원이 있는데, 직원의 가족이나 친척들이 '사가와 남자' 가챠를 보면 좋아하지 않을까 하는 기대가 있었기 때문에 매우 기뻤고 보람도 느낄 수 있었습니다.

— '사가와 남자'의 성공을 계기로 '기업 콜라보 상품'을 더 많이 다뤄 보고 싶다는 생각을 하게 된 것이군요.

가토 네. 새로운 가치를 경험하게 되었습니다.

. . . .

'역제안'으로 탄생한 일본우편 시리즈

— 2016년에 일본우편과 콜라보한 '우체국 가챠 컬렉션(郵便局ガチャコレクショ

ン)'도 화제가 되었습니다. 이 프로젝트의 기획은 어떻게 시작된 건가요?

가토 2016년에 일본우편의 사업개발추진실에서 연락이 왔습니다. 우체국에 가챠 머신을 설치하는 비즈니스가 가능할지에 대한 상담이었는데, 친근감 있는 우편 관련 시설이나 도구를 입체화해서 가챠로 만드는 쪽이 화제가 되지 않을까 하는 생각이 들었고, 그 결과 간판이나 우체통 등의 구조물을 입체화한 첫 라이선스 상품을 만들게 되었습니다. 일본우편이 공식 라이선스로 가챠 상품을 선보인 적이 없었기 때문에 화제가 될 것으로 예상했습니다. 그리고 또 한 가지, 공공물을 입체화하는 것은 그 구조나 기능에 대한 자료의 성격으로서 고객의 지적 호기심을 충족시킬 수 있지 않을까 하는 생각이 들었습니다.

「우체국 가챠 콜렉션」의 일부. 우체통, 우편배달원의 헬멧 등을 미니어처화 했다.

— 지적 호기심 말인가요?

가토 일본인은 퀴즈를 좋아한다고들 하죠. 그 점에 착안해 가챠를 계기로 지적 호기심을 충족시킬 수 있는 플러스 알파의 부가가치를 더한다면 재미있지 않을까 생각했습니다.

설계와 기능, 구조 등의 자료성을 지닌 일본신호 시리즈

— 2017년에 일본신호와 콜라보한 '일본신호 미니어처 조명 컬렉션(日本信号ミニチュア灯器)'도 실제로 불이 켜진다는 기발한 아이디어는 물론이고, 볼 때마다 세부적인 만듦새가 굉장하다는 생각을 하게 됩니다. 교차로에 설치된 신호등이 어떤 구조로 되어 있는지를 미니어처를 통해 입체적으로 볼 수 있다는 점이 굉장히 재미있다고 생각합니다.

가토 일본우편과 마찬가지로 스케일감을 활용해서 거리에 있는 공공물의 설계나 기능, 구조를 배울 수 있다면 재미있지 않을까 생각했습니다. 사이타마현 구키시에 있는 전시실에 직접 방문해 사전 조사를 했는데, 신호등의 경우 높이가 2미터를 넘습니다. 가까이서 보니 실제로 도로에서 보는 것과 크기 차이가 상당해서 깜짝

「일본신호 미니어처 조명 컬렉션」의 일부. '보행자용 누르기 버튼 상자'(가운데 아래)는 빨간 버튼을 누르면 '기다려 주십시오'의 문자판에 불이 들어온다.

놀랐습니다. 거기서 평소 가까이에서 자세히 보기 어려운 것을 리얼하게 재현해서 구조를 알게 하면 좋겠다는 생각을 했습니다.

공중전화 사용법을 미니어처로 알려 주는 NTT 시리즈

— 그리고 2019년에 발매된 NTT동일본과의 콜라보 'NTT동일본 공중전화 가챠 컬렉션(NTT東日本公衆電話ガチャコレクション)'이 시리즈 누계 판매 200만 개라는 대히트를 기록했습니다. 이 시리즈는 어떻게 탄생하게 되었나요?

가토 우체국 가챠를 구매한 NTT동일본의 공중전화 담당자에게 전화가 와서, '우리도 다양한 종류의 공중전화가 있는데 가챠가챠의 모티브가 될 수 없을까요?' 하고 상담을 한 것이 계기가 되었습니다.

— 발매 전부터 SNS상에서 화제가 되어 발매 시작과 동시에 매진이 이어졌죠.

가토 기획하던 시점에 당시 스마트폰의 보급에 따라 공중전화의 설치 대수가 감소하고 있었기 때문에 공중전화 가챠를 갖고 싶어 하는 사람이 과연 있을지 사실 꽤 불안했습

니다. 다만 저는 미야기현 출신인데, 2011년 동일본 대지진 때 본가에 연락을 하기 위해 회선이 튼튼한 공중전화를 이용한 경험이 있었습니다. 또 그 이후에 대형 통신회사의 통신 장애가 있었을 때도 많은 사람이 공중전화 앞에 줄을 선 모습을 뉴스를 통해 보았고, 젊은 세대 중에서는 공중전화를 어떻게 사용하는지 모르는 사람이 많다는 사실을 알게 되었습니다. 음료 자판기는 돈을 넣고 버튼을 누르면 구매할 수 있지만, 공중전화는 동전을 넣기 전에 일단 수화기부터 들어야 합니다. 동전을 먼저 넣으면 반환이 되기 때문에 전화를 걸 수가 없죠. 이러한 점에 착안해 '공중전화 사용법을

2023년 2월에 발매된 「NTT동일본 NTT서일본 공중전화 가챠 컬렉션」 최신 시리즈의 일부.
사진상으로는 실물과 헷갈릴 정도의 정밀함.

가챠가챠로 배운다'라는 콘셉트가 만들어졌습니다. 가챠를 통해 뭔가 사회공헌의 역할을 할 수 있으면 좋겠다고 생각한 것입니다.

— 이 시리즈의 뛰어난 점은 공중전화 사용법을 보여주기 위한 장치가 실물과 똑같이 재현되어 있다는 것입니다. 수화기는 움직이고 버튼도 누를 수 있다, 동전 반환구도 열리고 닫힌다, 이 퀄리티의 수준이 굉장하다고 생각합니다. 재현이 어렵지는 않았나요?

가토 중국에 있는 생산 공장에 틀어박혀서 현지 직원들과 테스트 제작을 수차례 반복했습니다. 사람들이 이 가챠를 갖고 싶어할 만한 수준에 도달했는지, 마지막까지 걱정이었습니다.

— 하지만 구입한 사람들의 만족도는 아주 높았다고 생각합니다.

가토 그렇게까지 큰 반향을 일으킬 거라고는 생각지도 못했습니다. 한여름에 땀범벅이 되어 가면서 거리에 설치된 공중전화 박스 안에 틀어박혀 계측을 하고, 실제 기기와 제작 중인 원형을 비교하기 위해 사료관에 몇 번이나 왔다갔다 했던 고생에 대한 보답을 받았습니다.

개발 과정에서 들은 기업의 이야기를 리플릿에 반영한다

— '기업 콜라보 상품'에서만 맛볼 수 있는 제작의 즐거움은 무엇인가요?

가토 '사가와 남자'는 3탄까지 제작했는데, 더 좋은 소재를 개발하기 위해 사가와 익스프레스의 택배기사 연수에 참가한 적이 있습니다. 기업 콜라보 상품의 제작 과정에서만 맛볼 수 있는 다른 업종의 체험이 가능하기 때문에 관심사의 폭이 넓어진다는 즐거움이 있습니다.

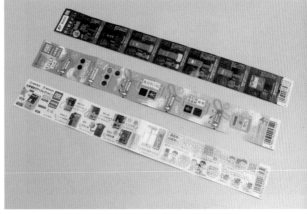
리플릿에도 단순한 광고가 아니라 기업에서 들은 정보를 담으려고 하고 있다.

— 가토 씨가 진행한 '기업 콜라보 상품'을 보고 있으면, 입체물뿐만 아니라 리플

릿이나 미니북도 매우 디테일해서 그 기업의 역사가 잘 담겨 있다고 느껴집니다. 그런 점이 참 멋지다고 생각해요.

가토 상품을 기획하기 위해 해당 기업에 취재를 가면 각 분야의 전문가 분들과 만나 역사에 대한 이야기를 들을 기회가 있습니다. 공중전화 가챠를 만들었을 때도 통신의 성립 과정에서부터 설명을 들을 수 있었는데, 그 이야기가 정말 재미있어서 모처럼 들은 그런 이야기를 나만 듣고 끝내기에는 아깝다는 생각이 들었고, 숨겨진 이야기 같은 일화나 각각의 모티브에 대한 설명과 역사 등이 지식을 넓히는 데 조금이나마 도움이 되었으면 하는 마음으로 리플릿에 실었습니다.

기업의 과제 해결이 될 수 있는 부가가치를 상품에 담는다

— 가챠가챠는 상품의 아카이브로서 가치가 있지요. 지금까지 여러 기업의 가

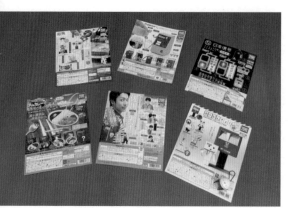

"가챠가챠 머신 앞면에 세팅되는 POP 광고의 레이아웃과 사진 촬영도 기본적으로 직접 합니다."(가토 씨)

챠가챠를 만들어 오셨는데, 본인의 지적 호기심과는 별개로 어떤 부분에 신경을 쓰고 계신가요?

가토 저는 단지 모티브를 상품화하는 것뿐만 아니라, 후에 남을 수 있는 부가가치를 환원하고 싶다는 생각으로 상품을 만들고 있습니다. 기업과 콜라보한다는 것은 결국 브랜드의 인지도 상승이라는 과제의 서포트로 연결된다고 생각합니다. 예를 들어 앞서 언급한 '미니어처 조명 컬렉션'을 만들었을 때는 마침 얼마 전부터 라이트의 방식이 LED 전구로 바뀌는 타이밍이었는데, 그때까지 몇 개 되지 않았던 신호등 제작 회사가 늘어나면서 신호등 제조사로서 인지도를 제고해야 하는 과제가 있었던 것 같습니다. 그러한 이유도 있었기에 해당 회사도 가챠의 개발에 적극적인 태도를 보여 프로젝트 팀이 발족되었습니다. 그 덕분에 가챠가 발매되었고, 세간에서 화제가 되어 프로젝트 팀 분들뿐만 아니라 경영진 분들도 기뻐하는 모습을 보면서 작은 힘이나마 가챠를 통해 기업의 과제 해결에 도움이 되었다는 생각에 뿌듯했습니다.

— 가토 씨는 기업 측으로부터 제안을 받기보다는 직접 가챠가챠를 만들고 싶은 기업을 찾는 경우가 많습니까?

가토 기본적으로는 제가 찾아 보는 경우가 압도적으로 많습니다. 가챠로 상품화할 수 없을까 하는 생각이 드는 모티브를 매일 찾고 있습니다. 최근에는 기업에서 먼저 연락해 오는 경우도 있지만, 거기에 가챠다운 부가가치의 컨셉을 더한 후 상품 제안을 해서 진행시키기도 합니다. 의도나 메시지가 없으면 오히려 브랜드의 가치를 훼손시킬 수도 있기 때문에 그 부분은 신경을 쓰고 있습니다.

직원과 그 가족들의 반응에 보람을 느낀다

— 최근 다른 제조사들도 '기업 콜라보 상품'을 확대하고 있는 것을 보면 이제 가챠가챠의 한 장르로 정착한 것 같습니다. 다른 가챠가챠에는 없는 '기업 콜라보 상품'만의 성취감은 무엇인가요?

가토 모티브가 된 기업에서 일하는 직원의 가족이나 친척들의 반응이 아닐까 싶습니다. 아들이 다니는 회사의 상품이 가챠가챠가 된 것을 보고 부모님이 기뻐해 주신다거나, '고향에 내려갔을 때 부모님과 함께 가챠가챠를 사러 갔어요'와 같은 담당자의 이야기를 들으면 가챠란 정말 상품 이상의 가치를 지니고 있고 특별한 것이 될 수 있구나 하고 감탄하게 됩니다. '우체국 가챠 컬렉션'을 만들었을 때 '돌아가신 아버지가 우편배달원이었는데, 아버지에 대한 기억을 지니고 다닐 수 있어서 기쁩니다'라는 내용이 담긴 편지를 받았는데, 그 편지는 지금도 소중히 간직하고 있습니다.

제 2 장

누가 만들고, 누가 파는가?
잘 알려지지 않은
가챠가챠 비즈니스의 구조

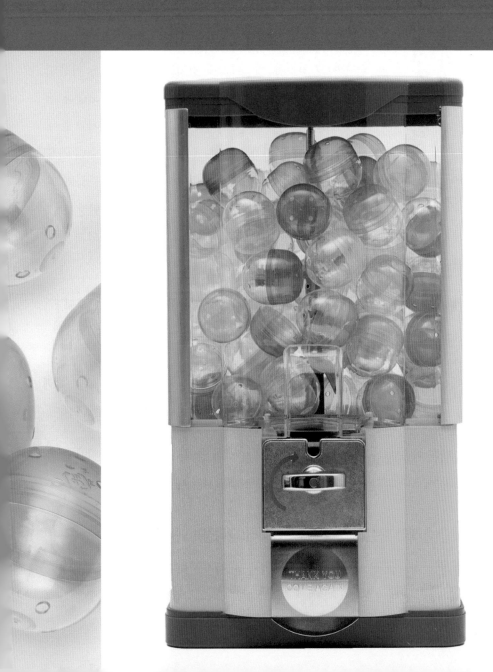

1

기본구조는 타 업계와 동일

제조사→대리점→판매점

가챠가챠는 돈이 되는가?

제1장을 읽고서 가챠가챠가 돈이 될 것 같다는 생각이 들었습니까? 가챠가챠 비즈니스에 뛰어들어 보고 싶은 마음이 생겼나요? 이렇게 최근 가챠가챠 시장이 확대된 모습을 직접 눈으로 목격하거나 이야기를 듣고, 또는 미디어를 통해 정보를 접하고서 가챠가챠 비즈니스에 흥미를 느껴 더 구체적인 이야기를 들어 보고 싶다며 저를 찾아오는 분들도 많습니다. 어린이부터 성인까지 아우르는 구매층의 확장, 쇼핑몰의 가챠가챠 코너나 전문점의 증가 등으로 가챠가챠 시장은 분명 크게 성장했습니다. 기회가 있다는 생각이 드는 건 당연합니다.

그렇다고 해도 다른 업계와 마찬가지로 가챠가챠의 세계에도 비즈니스의 구조라는 것이 존재합니다. 전혀 다른 업종에서 신규로 진입하거나 갑자기 맨주먹으로 사업을 시작하는 사람이 이 세계에 들어오기는 그리 녹록지 않습니다. 하지만 전혀 불가능한 이야기는 아니고, 소수 정예로 으샤으샤하면서 뜻을 모아 즐겁게 해 보고자 한다면 굉장히 재미있는 비즈니스라고 생각합니다.

그러한 이유로 이 장에서는 일반적으로는 많이 알려져 있지 않은 가챠가챠 업계와 비즈니스의 구조에 대해 이야기해 보려고 합니다.

메인 플레이어는 '제조사', '오퍼레이터(대리점)', '판매점' 3종류

다른 여러 업계와 마찬가지로 가챠가챠 비즈니스 역시 '제조사', '오퍼레이터(대리점)', '판매점'으로 나뉘는 3종류의 플레이어가 존재합니다.

일반적으로 제조사라면 실질적으로 생산을 책임지는 국내외의 협력 공장, 그리고 상품의 기획과 디자인을 책임지는 외부 디자이너 또는 기획 회사가 있어서 한 회사가 모든 기능을 갖추고 있는 경우는 별로 없습니다. 반면 반다이나 타카라토미아츠처럼 자사 및 그룹사 내에 제조사, 오퍼레이터, 판매점의 기능을 모두 갖추고 있는 회사도 있습니다.

이 책에서는 업계의 구조를 쉽게 이해할 수 있도록 '제조사', '오퍼레이터', '판매점'의 3가지 기능으로 나눠 설명하겠습니다.

① 제조사

말 그대로 상품을 기획하고 제조하는 기업입니다. 현재 일본에는 크고 작은 기업을 모두 합쳐 약 40개의 제조사가 존재합니다.

② 오퍼레이터

제조사가 만든 상품을 매입해서 시장에 공급하거나, 쇼핑몰 등과 협상을 거쳐 머신을 설치하는 역할을 담당하는 기업입니다. 머신에서 올린 수익을 제조사와 판매점 양쪽에 분배하는 등 매우 중요한 역할을 맡고 있습니다.

③ 판매점

오퍼레이터로부터 공급 받은 상품과 머신을 자사의 공간에 설치하고 소비자를 대상으로 판매합니다. 기존에는 쇼핑몰 같은 상업 공간이나 어뮤즈먼트 시설 등이 중심이었지만, 최근 들어서는 가챠가챠 머신이 설치되는 장소가 지하철역, 영화관, 미술관, 박물관, 서점 등으로 확대되고 있습니다. 또 최근 몇 년간 급증하고 있는 전문점의 다수는 오퍼레이터가 스스로 판매점의 기능을 갖기 위해 운영하고 있는 곳들입니다.

재고 리스크는 오퍼레이터가 부담

도표8과 도표9는 각각 가챠가챠 업계의 유통 구조, 그리고 상품의 단가를 100엔으로 했을 때 대략적인 각 플레이어별 이익 배분을 나타낸 것입니다.

가챠가챠의 경우 같은 상품의 판매 가격이 판매점에 따라 달라지지 않습니다. 또 3개월 전에 주문을 넣는 것이 룰로 정해져 있습니다. 오퍼레이터는 제조사가 발행하는 신상품 정보('정보서'라고 합니다)를 확인해서 3개월 전에 발주 수량을 결정하고, 제조사는 그 수량만큼 상품을 생산해서 오퍼레이터에게 납품하는 구조입니다. 이 수량은 상품의 카테고리에 따라 기준이 정해져 있는데, 최소한의 수주를 받지 못해 채산성이 떨어진다고 판단되면 제조사가 상품의 생산을 중지하는 경우도 있습니다.

또 판매점에서 상품이 다 팔리지 않고 남은 경우 재고 리스크에 대한 책임은 오퍼레이터에게 있기 때문에 제조사 입장에서는 안심할 수 있는 시스템이지만, 그만큼 오퍼레이터는 재고를 고려해서 엄격한 기준을 가지고 발주량을 결정하게 됩니다.

신규로 진입한다면 제조사가 기회

현재 가챠가챠 비즈니스의 각 플레이어 중에서 오퍼레이터는 이미 과점 상태이고, 판매점 또한 집객력이 있거나 넓은 면적의 판매 장소를 보유한 상업 시설이 아니면 이익을 내기 어렵기 때문에 앞으로 가챠가챠 비즈니스에 신규로 진입하려고 하는 회사라면 제조사 및 그 주변의 상품 기획 또는 디자인 관련 비즈니스가 승산이 있을 것으로 보입니다.

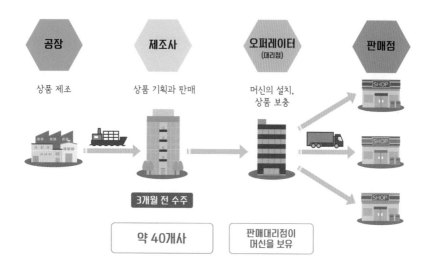

도표 8 가챠가챠의 유통 구조

도표 9 판매가격을 100엔으로 했을 때 각 플레이어의 이익

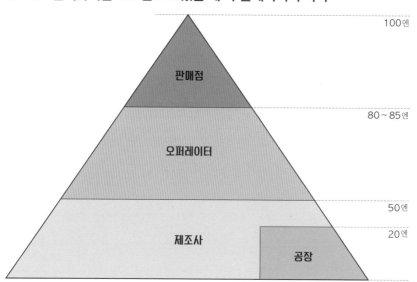

제1장에서 설명한 바와 같이, 실제로 시장이 확대됨에 따라 다양한 고객층을 만족시키는 오리지널 상품에 대한 니즈가 있는 상태입니다. 키탄클럽이 '컵 위의 후치코'를 탄생시켰듯이 유니크하고 혁신적인 상품이라면 신규 진입조라 도 오퍼레이터에게 주문을 받게 될 가능성이 높다고 할 수 있습니다. 사실 현 재 약 40개가 존재하는 제조사의 대부분은 최근 10년 이내에 설립된 회사입 니다.

기존의 제조사 역시 계속해서 참신한 상품을 기획하기를 원하고 있습니다. 귀 엽고 매력적인 캐릭터를 창작하는 디자이너나 참신한 콘셉트를 만들어내는 일에 뛰어난 플래너이면서 가챠가챠 비즈니스에 관심이 있다면, 제조사 쪽에 아이디어를 제안하면 콜라보가 이루어질 가능성은 높을 것입니다.

제가 지금까지 약 30년에 걸쳐 가챠가챠 업계에서 일해 온 경험을 바탕으로 솔직한 생각을 이야기하자면, 전에 볼 수 없었던 유니크한 상품, 다른 사람과 는 차별화된 자신만의 감성을 전면에 드러낸 상품을 세상에 선보이고 싶어하 는 크리에이티브한 사람에게 있어 가챠가챠야말로 그 꿈을 가장 빠르게 실현 할 수 있는 세계가 아닐까 생각합니다. 또 그런 사람에게 이 업계에 대해 더 많이 알려 주고 싶다는 마음으로 일 년에 여러 차례 도내에서 '시부야 가챠가 챠 나이트'라는 이벤트를 개최, 제조사와 크리에이터의 교류의 장을 만들고 있 습니다. 관심 있는 분은 꼭 참가해 보시기 바랍니다.

2

가챠가챠 업계의 메인 플레이어 ① 제조사

반다이와 타카라토미아츠 투톱이 시장의 7할을 장악하다

지금부터는 플레이어별로 조금 더 자세히 설명하려고 합니다. 제조사는 말 그대로 가챠가챠 캡슐 안에 들어가는 내용물을 만드는 기업입니다. 가챠가챠가 '경험 소비'라고는 하지만 고객은 결국 캡슐의 내용물을 손에 넣고 싶어하기 때문에 그 의미에서는 가챠가챠 비즈니스에서 가장 중요한 플레이어라고 해도 무방합니다.

그렇다고는 하지만 가챠가챠 업계에 몸담고 있지 않은 일반인 중에서 가챠가챠 제조사의 이름을 5개 이상 댈 수 있는 분은 그다지 많지 않을 것입니다. 대부분 제조사의 이름을 의식하는 것이 아니라 머신 앞에 붙어 있는 상품 소개 POP 광고 사진을 보고 어떤 것을 돌릴지 선택하는게 당연합니다.

그럼 가챠가챠 제조사는 현재 몇개나 있을까요?

제가 파악하고 있는 바로는 약 40개입니다. '그렇게나 많았나?' 하고 생각하는 분들이 많지 않을까 싶습니다. 평소 가챠가챠 제조사의 이름을 딱히 의식해본 적 없는 분이라도 반다이와 타카라토미아츠 2개사는 어쨌든 인식하고 있을 것 같습니다. 제1장 가챠가챠의 역사에서도 이야기했듯이 이 2개사는 일찍이 가챠가챠 업계에 진입해서 현재 시장의 7할을 장악하는 등 압도적인 존재감을 나타내고 있기 때문입니다. 또 이 2개사는 유명 IP(만화와 애니메이션, 게임, 영화 등의 캐릭터)를 다수 보유하고 있어서, 어린이들이 갖고 싶어 하는 가챠가챠의 대부분은 이 2개사에서 만들고 있다고 보면 됩니다.

이에 더해 가챠가챠의 내용물뿐만 아니라 머신까지 만드는 회사도 이 2개사 밖에 없기 때문에 머신에는 반드시 이들 중 한 곳의 이름이 적혀 있어 좋든 싫든 자연스럽게 그 이름이 입력될 수밖에 없습니다.

최근 10년간 제조사 수는 4배로?

그렇다면 반다이와 타카라토미아츠 2개사가 시장의 대부분을 차지하고 있으니 그 이외의 제조사는 모두 마이너한 존재냐고 하면, 또 그렇지만도 않다는 것이 가챠가챠 비즈니스의 흥미로운 부분입니다.

가챠가챠의 역사에 남을 대히트작이 된 '컵 위의 후치코'를 2012년에 세상에 내놓은 것은 2006년에 설립된, 당시로서는 신흥 제조사였던 키탄클럽이었습니다. 이 '컵 위의 후치코'가 선풍적인 인기를 끌면서 오리지널 캐릭터로 만든 상품이라도 대형 제조사가 보유한 IP를 활용한 상품을 뛰어넘는 대히트작을 낼 수 있다는 사실이 증명되었고, 이후 많은 제조사가 가챠가챠 시장에 진입하는 계기가 되었습니다. 그중 많은 수가 어뮤즈먼트 산업, 경품 제조사, 피규어 제조사 등 비교적 가챠가챠와 가까운 업계에서 왔습니다.

'컵 위의 후치코'가 발매된 시점에 가챠가챠 제조사의 수는 10개가 채 되지 않았으니, 최근 약 10년간 가챠가챠 제조사의 수는 4배로 늘었다고 할 수 있습니다. 이렇게 급증한 가챠가챠 제조사에 의해 현재의 다양한 종류의 풍부한 오리지널 상품이 만들어지고 있는 것입니다.

가챠가챠 기획의 포인트

가챠가챠에 요구되는 상품으로서의 조건은 엄격합니다.

'캡슐에 들어갈 수 있는 사이즈여야만 한다', '판매 가격이 몇백 엔으로 박리다매이기 때문에, 생산 비용을 최대한 맞춰야만 한다'와 같은 제약을 먼저 통과한 후에, 오리지널리티 넘치는 부가가치를 어떻게 만들어 내는지가 경쟁력이 됩니다.

또 상품뿐만 아니라 판매 방식에 대해서도 생각해야 합니다. 무엇이 나올지 모르는 것이 가챠가챠의 특징이라고는 해도 원하는 것이 나올 때까지 몇 번이고 계속 머신을 돌리게 하기 위해서는 예를 들어 '꽝'이더라도 고객에게 어느 정도의 만족감을 선사해야 하고, 이를 반대로 생각하면 컬렉션을 완성하고 싶게 만들기 위한 라인업을 궁리할 필요가 있습니다.

그리고 상품 자체는 캡슐 안에 들어 있어서 보이지 않기 때문에 고객에게 어필할 수 있는 것은 머신 앞에 붙어 있는 POP 광고밖에 없습니다. 각 제조사들은 '나도 모르게 갖고 싶어질' 만한 디자인이나 광고 문구를 생각해 내기 위해 늘 머리를 쥐어짜고 있다고 합니다.

제조사 입장에서 가챠가챠의 재미

가챠가챠는 기본적으로 판매 전 수주 및 생산 시스템입니다. 앞서 이야기했듯이 발매 3개월 전에 오퍼레이터가 주문 수량을 정하고, 재고 리스크의 책임도 오퍼레이터에게 있기 때문에 제조사 입장에서는 상품을 개발할 때 마음껏 기획을 하기 좋은 환경입니다. 예를 들어 '30대 초반의 직장인 여성, 독신'과 같이 타깃을 세밀하게 설정하고, 그 타깃에 맞게 핀 포인트로 공략하는 유니크한 상품을 개발할 수 있습니다.

또 이전에는 높은 퀄리티의 상품을 만들 수 있는 기술력을 가진 회사가 한정되어 있었지만, 최근에는 3D 프린터가 등장하면서 섬세한 설계로 고품질의 상품을 만들 수 있게 되었습니다.

따라서 작은 회사에서도 빠르고 유연한 대응을 장점으로 살려 대형 회사를 앞서는 스피드로 참신한 상품 기획을 전개할 수 있다면 히트작을 탄생시킬 가능성이 있습니다. 실제로 작은 회사가 프로듀스해서 히트시킨 상품을 보고 대기업이 그 트렌드를 따라 가는 경우도 종종 있습니다.

제조사 입장에서 가챠가챠의 어려움

그렇다고 해서 가챠가챠 업계가 누구나 가볍게 진입할 수 있는 분야는 아닙니다. 먼저 기획에 대한 오퍼레이터의 반응이 좋지 않으면 기대한 발주 수량을 얻어내지 못해 생산 중지로 내몰리는 경우도 있을 수 있습니다. 오퍼레이터도 지금까지의 실적을 중시하기 때문에 신뢰 관계를 쌓기 위해서는 꾸준히 히트작을 낸 실적이 필요합니다.

다음으로 제조사의 증가에 따른 경쟁의 심화나 초기 주문 수량의 축소도 제조사를 어렵게 만드는 부분입니다. 이전에는 가챠가챠 제조사의 수가 적었기 때문에 초기 수주 수량이 10만 개를 넘어서는 경우가 일반적이었지만, 현재는 많아도 3만 개, 보통은 1만 개 정도까지 내려간 상태입니다. 최근 금형을 따로 만들어야 하는 피규어나 미니어처 종류보다는 키홀더나 아크릴 스탠드 종류의 라이트한 상품이 늘어나고 있는 것은 제조사가 상품 제작에 드는 시간과 비용을 압축시켜야만 하는 현재의 상황을 반영하고 있습니다.

그리고 가챠가챠는 가격 차이를 100엔 단위로 생각해야 하기 때문에 판매 가격을 얼마로 설정할지에 대해 다른 업종에 비해 신중한 고려가 필요합니다. 학생 등 젊은층을 끌어들이려면 가격은 300엔이 상한선이 될 것이고, 구매력이 있는 성인만을 타깃으로 한다면 500엔 정도까지도 괜찮겠지요. 판매 가격에 따라 제조원가를 얼마까지 쓸 수 있는지도 달라지게 됩니다. 100엔의 차이가 구매자의 심리에 영향을 미쳐 매출도 크게 달라집니다.

최근에는 중국의 인건비 상승과 우크라이나 침공에 따른 원재료비 상승, 엔저에 따른 매입 비용의 상승 등으로 가격 상승에 대한 압박이 더 커지고 있습니다. 지금까지 저렴한 가격이 가챠가챠의 매력 중 하나라고 해 왔지만, 현재 주류를 이루고 있는 300엔의 가격대가 400엔으로 올라가면 시장에 미치는 영향은 크지 않을까 생각합니다.

제조사의 이름(브랜드)은 POP의 오른쪽 위나 왼쪽 아래를 체크하자

가챠가챠 제조사의 이름은 어디에서 확인할 수 있을까요? 가장 빠른 길은 머신에 붙어 있는 POP 광고의 오른쪽 위나 왼쪽 아래 부분을 체크하는 것입니다. 대부분의 제조사가 어딘가에 자사의 이름(또는 브랜드)을 기재하고 있습니다. 가챠가챠를 구매한 후라면 캡슐에 동봉되어 있는 리플릿에 적힌 사명으로 제조사를 확인할 수 있습니다.

참고로 머신 자체는 앞서 이야기했듯이 반다이나 타카라토미아츠 중 하나가 만들고 있고, 유통을 책임지는 오퍼레이터가 그 머신을 구입하는 것이기 때문에 캡슐의 내용물을 만드는 제조사와는 직접적인 관계가 없습니다. 요컨대 반다이나 타카라토미아츠의 머신 안에 여러 제조사별 가챠가챠가 각각 채워져 있다고 생각하면 됩니다. 반다이의 머신이기 때문에 내용물도 전부 반다이가 만드는 것이 아니라, 반다이의 머신 안에 타카라토미아츠의 상품이 들어 있거나 혹은 그 반대인 경우도 있습니다. 헷갈리기 쉽지만 혼란스러워하지 않길 바랍니다.

대표적인 가챠가챠 제조사의 간단 소개

가챠가챠 제조사의 이름에 관심을 가져 보면 각 회사 고유의 오리지널리티와 고집 같은 것을 조금씩 알 수 있게 됩니다.

캐릭터 피규어를 잘 만드는 회사, 정밀한 미니어처를 잘 만드는 회사, 유니크한 기획으로 승부하는 회사 등 각 회사별로 특징이 있습니다. 물론 어떤 제조사에서 히트한 상품과 비슷해 보이는 듯한 것이 다른 제조사에서 나오는 일은 비일비재하고, 기존에 캐릭터 상품의 비중이 컸던 반다이나 타카라토미아츠도 최근 들어서는 오리지널 상품을 늘리면서 모든 장르를 망라하게 되었다거나, 반대로 신흥 제조사 중에서도 유명 IP의 권리를 확보해서 상품을 선보이는 회사도 있습니다.

다음은 약 40개의 가챠가챠 제조사 중에서 저의 독단과 편견으로 고른, 주목할 만한 제조사 17곳에 관한 간단한 소개입니다(회사 설립연도 순).

포인트는 상품 제작에 대한 철학과 고집입니다. 각 회사들은 모두 자신들만의 고집을 가지고 다채로운 라인업을 전개하고 있으니, 이 소개를 읽고 흥미를 느꼈다면 꼭 각사의 웹사이트나 SNS를 방문해 보시기 바랍니다. 더 자세한 정보를 얻을 수 있을 것입니다.

◎주식회사 반다이 (본사-도쿄도 다이토구, 설립-1950년 7월)

https://www.bandai.co.jp/, https://gashapon.jp/

가챠가챠 업계뿐만 아니라 일본 완구 제조사의 공룡과도 같은 존재입니다.

원래는 주식회사 반다이야라는 완구 도매상으로 창업했고, 그 후에 완구 제조사로 전환하여 1961년에 지금의 반다이로 사명을 변경했습니다. 1977년에 가챠가챠 업계에 진입했습니다. 1983년에 '초합금'으로 유명한 포피와 '건프라(기동전사 건담의 프라모델)'로 유명한 반다이모형 등 7개의 그룹사를 흡수 합병한 종합 완구 제조사가 되었습니다. 1998년에는 '다마고치'가 하나의 사회 현상이 될 정도로 대히트를 기록했습니다. 2005년부터는 종합 엔터테인먼트 기업 그룹인 '반다이남코 그룹'에서 토이·하비 사업 부문 중심 기업으로 활동하고 있기도 합니다.

가챠가챠 제조사로서 반다이의 특징은 뭐니뭐니해도 다수의 유명 IP 확보를 강점으로 하는 압도적인 존재감입니다. '가샤폰'이라는 상표로 사업을 전개하고 있습니다. 캐릭터 상품을 중심으로 하면서 최근에는 오리지널 상품의 구성을 강화해 매월 100개 이상의 아이템을 발매, 연간 총 출하 갯수 약 1억 개라는 엄청난 규모를 가진 독보적인 존재입니다. 2018년부터 발매하기 시작한 생물의 몸의 구조를 충실하게 재현한 '생물 대도감(いきもの大図鑑)' 시리즈는 누계 판매 100만 개라는 대히트를 기록했습니다.

또 제1장에서 설명한 '3개월 전 수주 제도'라는, 현재까지 이어지고 있는 가챠가챠 업계의 거래 룰을 정착시킨 공헌도 큽니다.

이 외에도 종이캡슐이나 캡슐리스 상품의 도입, 캐시리스 머신 '스마트 가샤폰'과 최고 2,500엔의 상품을 판매할 수 있는 머신 '프리미엄 가샤폰', 자주식 머신 '가샤로이드' 등 선진적인 머신의 개발, 그룹사가 운영하는 전문점 '가샤폰 백화점'의 전국적 전개, 공식 온라인숍 '가샤폰 반다이 오피셜숍'의 전개 확대 및 온라인 판매 강화, 해외 점포 출점 등 업계를 선도하는 시도를 계속해 나가고 있습니다. 그야말로 가챠가챠 업계를 이끄는 역할을 하는 존재입니다.

◎주식회사 빔 (본사-도쿄도 아다치구, 설립-1980년 9월)

https://beam.toys/

완구·잡화 판매점인 '키디랜드'의 직원이 독립해서 설립한 회사로, 창업 시기는 타카라토미아츠보다 앞서 있습니다. 재미있는 상품과 굿즈, 유머러스한 잡화를 제조부터 도매, 판매에 이르기까지 모두 자체적으로 진행합니다. 스퀴즈 상품(만지면서 즐기는 상품)과 슈퍼볼 등 추억의 가챠가챠 상품의 제작 방식을 계승하고 있습니다.

◎주식회사 타카라토미아츠 (본사-도쿄도 가쓰시카구, 설립-1988년 2월)

https://www.takaratomy-arts.co.jp/

반다이에 이어 업계 2위의 제조사입니다. 처음에 '주식회사 유진'으로 설립된 후, 타카라토미아츠의 자회사가 되어 2009년에 현재의 사명이 되었습니다. '무엇이 나올지 모르는 두근거림과 설레임을 즐기게 하고 싶다'라는 콘셉트 아래, 한 개 더 뽑게 하려면 어떻게 해야 할지에 대해 늘 생각하며 컬렉션 성격이 강한 상품의 개발에 주력하고 있습니다. 유명 캐릭터 등의 트렌드 상품과 더불어 성인에게도 어필할 수 있는 유니크한 상품, 키즈&패밀리 대상 상품, '기업 콜라보 상품' 등 전방위적인 타깃을 노리는 상품을 제공할 수 있다는 것을 강점으로, 시장의 니즈에 맞춰 다양한 히트 상품을 만들어내고 있습니다('기업 콜라보 상품'에 관한 이 회사 기획부 가토 시즈에 씨의 인터뷰를 제1장에 게재). 또 제1장에서 설명했듯이 '슬림 보이'라는 획기적인 머신을 개발하여 가챠가챠 시장 확대에 공헌했습니다.

◎주식회사 겟 스테이션 (본사-오사카부 기시와다시, 설립-1988년 4월)

https://k2-st.co.jp/

원래는 휴대전화 대리점(au숍)으로 시작한 회사로, 휴대전화 용품의 기획 및

판매에 관여했던 것을 계기로 가챠가챠 업계에 진입하게 된 히스토리를 가지고 있습니다. 지금까지의 히트작으로는 쿠라스시, 킷코만, 이치지쿠제약, 인기 샌드위치 하우스인 메르헨 등과 진행한 기업 콜라보 상품이 많고, '역작~세금에 관한 서예전~아크릴 뱃지(りきさく～税に関する書道展～アクリルバッジ)' 등의 유니크한 상품 개발에도 열심입니다.

또 대형 회전초밥 체인인 '쿠라스시'와 오랫동안 거래하면서 쿠라스시의 명물인 '빗쿠라폰' 경품의 7할을 이 회사가 만들고 있습니다. 가챠가챠의 내용물뿐만 아니라 캡슐 자체도 만들고 있는데, '빗쿠라폰'에는 종이캡슐을 도입했습니다.

※종이캡슐에 대해서는 다음 사이트 참조

https://k2-st.co.jp/toycapcel/

◎주식회사 켄엘리펀트 (본사-도쿄도 지요다구, 설립-2000년 2월)

https://kenelephant.co.jp/

미니어처와 그림책 캐릭터의 피규어 등으로 인기 있는 제조사입니다.

창업자는 원래 펩시콜라의 보틀 캡에 달려 있던 덤(상품에 붙어 있는 경품)을 만들던 사람으로, 사업 확장을 위해 가챠가챠 비즈니스에 진입했습니다. 정밀한 미니어처 제작으로 유명한 카이요도와 오랫동안 비즈니스를 해 오고 있어서 제작 퀄리티가 높으며, 기업 콜라보 상품으로는 인기 가구 회사인 카리모쿠 가구, 솔로캠핑용 텐트 등 재현성 높은 미니어처를 중심으로 전문점에서

시장 점유율을 넓히고 있습니다. 최근에는 '가쿠야벤토 도시락 미니어처 컬렉션(楽屋弁当ミニチュアコレクション)'이 크게 히트했습니다. 독특한 발상으로 성인 여성, 그중에서도 특히 럭셔리 브랜드 선호 고객층을 타깃으로 합니다.

또 제조사인 동시에 '켄엘리 스탠드'라는 전문점도 운영하고 있는데, 절판된 상품을 제외한 자사 상품의 대부분을 취급하고 있습니다.

◎아이피 포 주식회사 (본사-도쿄도 도시마구, 설립-2002년 5월)
https://www.ip4.co.jp/

모회사인 '시스템 서비스'라는 회사에서 가챠가챠 사업이 이관된 케이스입니다. '타래판다(たれぱんだ)'를 시작으로 산엑스(San-X)의 팬시 계열 캐릭터 인형 등을 주력으로 해 왔는데, 최근에는 IC칩을 이용한 사운드 계열 상품 '대시 불필요! 핑퐁(ダッシュ無用!ピンポン)', '우리집 욕조 물 데우기 버튼(我が家のお湯張りボタン)'이 큰 인기를 끌었습니다.

◎주식회사 키탄클럽 (본사-도쿄도 시부야구, 설립-2006년 9월)
https://kitan.jp/

이 책에 여러 번 등장하는 '컵 위의 후치코'의 대히트로 대형 제조사 두 곳 이외에도 메가 히트를 낼 수 있다는 것을 증명, 많은 가챠가챠 제조사에 막대한 영향을 끼친 혁명아적 존재입니다. 사장인 후루아 다이키 씨는 유진 시절부터 함께 했던 타카라토미아츠 출신. '후치코' 이후에도 '종이봉투에 들어간 고

양이(紙袋に入った猫)', '고양이혀 버섯 피규어 마스코트(猫舌茸フィギュアマスコット)', '오니기렁구(おにぎりん具)' 등 유니크한 상품을 잇따라 내놓고 있습니다(후루야 씨의 인터뷰를 제3장에 게재).

◎주식회사 옐 (본사-도쿄도 다이토구, 설립-2008년 11월)
https://yell-world.jp/

'합장(合掌)' 시리즈, '동그란 눈동자(つぶらな瞳)' 시리즈 등 동물 계열의 귀여운 캐릭터 피규어를 많이 선보이는 회사입니다. 사운드 계열의 '현관 차임(玄関チャイム)'도 화제가 되었습니다. 가챠가챠의 중심 가격대가 상승하고 있는 지금도 여전히 100엔이나 200엔이라는 저가격대 상품에도 힘을 쏟고 있습니다. 고가격대 상품으로는 그 흡인력이 화제가 된 '데스크톱 클리너 스피어(デスクトップクリーナスフィア)'가 있습니다.

◎주식회사 SO-TA (본사-도쿄도 시부야구, 설립-2009년 4월)
https://www.so-ta.com/

최근 '스튜디오 소타'라는 새 브랜드를 발표했습니다. 모노즈쿠리에 굉장히 고집스러운 면모를 가지고 있으며, 조형 작가 'Yoshi' 씨와 콜라보한 '명주 상자(紬ギ箱)' 시리즈, 조형작가 '카즈마타이키' 씨와 콜라보 한 '로피아탄(ロピアタン)' 시리즈 등 작가와 콜라보한 격조 높은 디자인의 상품과 프라모델 수준으로 가동 영역이 넓은 오리지널 캐릭터 피규어가 화제가 되었습니다. 이 외에

사람과 파충류의 '골격(骨格)' 시리즈도 인기입니다.

◎주식회사 이키몬 (본사-도쿄 아키루노시, 설립-2014년 11월)

https://naturetechnicolour.com/

키탄클럽에서 분사하여 자연과학 분야 피규어 '네이처 테크니컬러(ネイチャテク
ニカラー)' 시리즈를 이어가고 있습니다. 이 외에도 '에비후라이후(えびふらいふ)',
'문어 귀마개 컬렉션(タコの耳栓コレクション)', '노미 방재화재경보기 컬렉션(能美
防災火災報知器コレクション)' 등 SNS에서 화제가 될 것을 의식한 상품을 다수
발매하고 있으며, 판매 방식도 키탄클럽과 거의 비슷하게 전개하고 있습니다.

◎주식회사 부시로드크리에이티브 (본사-도쿄도 나카노구, 설립-2015년 2월)

https://bushiroad-creative.com

카드 게임과 트레이딩 카드, 캐릭터 굿즈로 유명한 부시로드의 자회사입니다.
가챠가챠에서도 캐릭터 상품을 주력으로 하여 SNS 및 LINE의 이모티콘으로
인기 있는 캐릭터 '빤쮸 토끼(おぱんちゅうさぎ)', 인기 게임 '에이펙스 레전드
(APEX LEGENDS)' 등의 캐릭터를 가챠가챠로 선보이고 있습니다.

한편으로는 오리지널 브랜드 'TAMA-KYU'를 별도로 전개하고 있는데, 이 브
랜드를 통해서는 어딘가 살짝 엇나간 듯한 별종의 상품을 선보이고 있습니다.
초기 대표작으로는 '사무적인 도장(事務的なはんこ)', '진짜 깨지는 기와(マジで割

れる瓦)' 등이 있고, 최근에는 '방 배정 키홀더(間取りキーホルダー)', 크레인 게임 아이템을 재현한 '진짜 잡을 수 있는 캐쳐(マジでつかめるキャッチャー)'가 화제가 되었습니다.

◎울트라뉴플래닝 주식회사 (본사-도쿄도 도시마구, 설립-2015년 7월)

https://www.u-np.jp/

원래는 크레인 게임에 들어가는 경품을 만드는 회사였다가 몇 년 전 가챠가챠 시장에 진입했습니다. 한 장 한 장 손으로 쓴 '어머니의 비밀전수 카레 레시피 (お母さんの秘伝カレーレシピ)', '형에게서 온 편지(お兄ちゃんからの手紙)' 등 편지 시리즈로 대표되는 '이야깃거리 계열' 상품이 화제가 되었고, 메이저한 캐릭터 역시 다루고 있습니다.

◎주식회사 퀄리아 (본사-도쿄도 도시마구, 설립-2016년 4월)

https://qualia-45.jp/

디저트와 같이 주변의 재미있는 테마를 모티브로 한 '닛코리-노(にっこりーノ)'('방긋'을 의미하는 '닛코리'에 '~한 것'을 의미하는 조사 '노'를 붙여 만든 네이밍-옮긴이)인형 시리즈로 팬층을 확보하고 있는 제조사입니다. 사장인 오가와 유야 씨는 대학 때까지 프로 축구 선수를 목표로 하다가 가챠가챠의 세계에 들어오게 된 이색적인 커리어를 가지고 있습니다. 인터넷상에서 정보를 전하는 활동도 열심히 하고 있는데, 유튜버 '차라샤쵸'로서 직접 콘텐츠를 제공하고 있습니다.

조립식으로 결합하면 큰 스케일로 완성할 수 있는 상품으로, 다른 상품과 조합해서 즐길 수 있다는 점에서 호평을 받은 '단지의 도어(団地のドア)' 시리즈를 비롯해 조형작가 '사토' 씨와 콜라보한 상품으로 절망감을 잘 표현한 '모든 것이 끝나 버린 개구리(すべてがおしまいになったカエル)', '모든 것이 끝나 버린 토끼(すべてがおしまいになったウサギ)' 등 오가와 사장의 모토인 '캡슐을 열었을 때의 놀라움'을 추구하는 상품으로 현재 시장에서 좋은 반응을 얻고 있습니다 (제3장에 오가와 씨의 인터뷰 게재).

◎주식회사 토이즈캐빈 (본사-시즈오카현 시즈오카시, 설립-2017년 1월)
https://toyscabin.com/

시장이 자동차를 좋아한다는 이유로 자동차와 관련된 상품에 주력하고 있습니다. 최근에는 '64분의 1 입체주차장 컬렉션(1/64立体駐車場コレクション)'이 화제가 되었습니다. 캐릭터 상품으로는 '일하는 고양이 미니어처 피규어 컬렉션(仕事猫ミニチュアフィギュアコレクション)'이 유명합니다. 또 스테디 셀러인 '버스 하차 버튼(バスの降車ボタン)' 시리즈와 '탁상 호출 버튼(卓上呼び出しボタン)' 시리즈 등을 선보인 사운드 상품의 선구자입니다. 이 외에도 '24분의 1 프로판 가스 컬렉션(1/24プロパンガスコレクション)', '전국의 차기(戦国の茶器)' 시리즈, '24분의 1 디자이너스 체어 컬렉션(1/24デザイナーズチェアコレクション)' 등 마니악한 미니어처 계열을 선호하는 사람이라면 좋아할 만한 회사입니다.

◎주식회사 탈린인터내셔널 (본사-도쿄도 다이토구, 설립-2017년 7월)

https://www.tarlin.jp/

박물관이나 미술관에 있는 숍에서 자주 볼 수 있는 토우나 토용(병사나 말의 모양을 본떠 만든 흙 인형-옮긴이), 불상 시리즈가 유명합니다. 원래 완구 제조사이기 때문에 가장 잘 할 수 있는 장난감 느낌의 상품도 만들고 있습니다. 최근에는 '손바닥 네트워크 기기(手のひらネットワーク機器)', '이동식 화장실(仮説トイレ)' 시리즈 등으로 미니어처 팬들의 감탄을 자아내고 있습니다. 2022년에 발매된 '파 주머니(ねぎ袋)' 시리즈가 누계 판매 30만 개를 기록하며 제3탄까지 발매되는 등 히트 상품이 되었습니다.

◎주식회사 브라이트링크 (본사-도쿄도 신주쿠구, 설립-2018년 6월)

https://brightlink.co.jp/

'최고로 크레이지한 것 만들기'를 테마로 하고 있으며, 2022년에 발매한 '갸루가 접은 종이학(ギャルが折った折り鶴)'이 SNS에서 큰 화제를 낳은 회사입니다. 진기함을 뽐내는 상품뿐만 아니라 쇼와 레트로풍 호텔 키홀더 등을 선보이고 있습니다. 경영자가 여성이기 때문에 여성의 관점에서 생각할 수 있는 상품이 많은 듯한 인상입니다.

◎주식회사 토이즈스피릿 (본사-도쿄도 후추시, 설립-2018년 9월)
http://toysp.co.jp/

'정말로 만들 수 있다! 다이캐스팅제 더 빙수머신(本当に作れる！ダイキャスト製！ざ
・かきごおりマシーン)', '정말로 쓸 수 있다!? 미니어처 워터서버(本当に使える!?・ミ
ニチュアウォーターサーバー)', '정말로 울린다! 연주하자! 그랜드 피아노&오르간
마스코트(本当に鳴る！奏でよ！グランドピアノ&オルガンマスコット)', '정말로 빛을 낸
다! 형광등 마스코트(本当に光る！蛍光灯マスコット)', '정말로 쓸 수 있다!? 물이 나
오는 학교 수도 마스코트(本当に使える!?・水が出る学校の水道マスコット)' 등 한 개
를 사는 순간 또 한 개가 갖고 싶어지는 원 포인트를 첨가한 정밀한 미니어처
로 화제를 모으는 회사입니다. 이 외에도 식품 샘플을 모티브로 한 상품, 실
용성과 유니크함을 모두 갖춘 파우치 등 다양한 상품을 선보여 모노즈쿠리
에 대한 고집을 강하게 느낄 수 있습니다.

숨은 조력자, 중국 등의 협력 공장

마지막으로 현재 가챠가챠 비즈니스를 지탱하는 숨은 조력자와 같은 존재로,
많은 제조사가 생산을 위탁하고 있는 중국의 협력 공장에 대해 알아보겠습
니다.

1973년의 변동 환율제 시행과 1985년의 플라자 합의(프랑스, 독일, 일본, 미국,
영국으로 구성된 G5의 재무장관들이 미국 뉴욕 플라자 호텔에 모여 외환시장 개
입에 의한 달러화 강세 시정에 합의한 것—옮긴이)로 엔고가 진행되면서 일본의

제조업은 생산 거점을 해외로 옮기게 되었습니다. 같은 시기에 개혁개방 정책을 단행하고 외자 유치에 나선 중국이 1990년대 이후 값싸고 풍부한 노동력을 무기로 '세계의 공장'으로서 많은 나라의 제품 제조를 담당해 왔다는 사실은 잘 알려져 있습니다. 일본의 기업 역시 전자제품을 비롯해 컴퓨터, 스마트폰, 의류, 그 밖에 100엔숍 등에서 팔리는 잡화 등 온갖 상품이 중국 없이는 존재할 수 없는 상황이 되었습니다.

가챠가챠 업계도 예외는 아닙니다. 과거 미국에서 판매되는 가챠가챠의 내용물을 일본 기업이 제조했던 것과 마찬가지로, 이제는 일본에서 판매되는 가챠가챠 내용물의 제조를 중국 기업이 담당하게 되었습니다.

제2차 붐의 계기가 된 풀컬러 피규어는 중국의 공장에서 만들어지고 있습니다. 물론 일본의 제조사가 기술 지도를 담당하기에 가능한 일이지만, 실제 상품을 제조하는 중국 측의 기술적 향상과 값싸고 풍부한 노동력이 없었다면 일본 가챠가챠의 퀄리티가 여기까지 올라오지는 못했을 거라 생각합니다.

최근에 경제 발전으로 인건비가 상승한 점과 엔저 등의 이유로 해가 거듭될수록 중국에서의 상품 제조가 어려워지고 있다는 것은 미디어를 통해 보도되고 있는 그대로입니다. 실제 업계에 따르면, 베트남이나 인도 등으로 공장을 이전시키거나 경우에 따라서는 일본 국내로 회귀하는 움직임도 나타나고 있습니다.

하지만 제가 이야기를 들어 보면, 가챠가챠에 있어서는 여전히 중국에서 생산하는 것이 유리하다고 생각하는 제조사가 많은 것 같습니다. 지금까지 쌓아올린 공장과의 신뢰 관계는 물론이고, 상품에 따라서는 베트남에서 부품이나

재료를 조달하기 어려워서 결국 중국에서 주문해서 가져올 수밖에 없다거나, 완성된 상품을 일본으로 수송하는 것 역시 중국에서 오는 편이 유리하다거나, 또 앞으로의 중국 가챠가챠 시장의 가능성을 생각하면 중국과의 관계성을 끊는 것은 유리한 대책이 아니라고 보는 관점이 있는 것 같습니다.

캡슐을 열어 보면 알 수 있지만 여전히 많은 가챠가챠 상품이 '메이드 인 차이나'입니다. 그렇게 생각하면 중국의 앞으로의 정세가 가챠가챠 비즈니스에 미치는 영향은 무시할 수 없습니다.

크리에이터의 역할

성인을 타깃으로 하는 가챠가챠 상품이 급증하면서 가챠가챠의 기획과 디자인을 담당하는 크리에이터도 늘어나는 추세입니다.

제조사가 증가하고 판로가 확대된 점, 자신들의 이름·브랜드를 어필할 수 있다는 점, 가챠가챠를 통해 자기 표현을 할 수 있다는 점 등이 크리에이터가 늘어나고 있는 이유입니다.

예를 들어 이 책 제3장의 인터뷰에 등장하는 자리가니웍스는 두 명의 크리에이터가 함께 창업한 멀티 크리에이티브 회사로, 키탄클럽에서 발매된 '도게자 스트랩(土下座ストラップ)'('도게자'는 바닥에 바짝 엎드려 절하며 사죄하는 행동을 뜻함－옮긴이)이 큰 인기를 얻었습니다. 최근에도 부시로드 크리에이티브에서 발매된 '돌(石)' 시리즈가 화제가 되었습니다.

마찬가지로 제3장의 인터뷰에 등장하는 오쓰하타 게이코 씨는 '홋케이스(ほっ

ケース', '영물 소들神獣べコたち)' 등 유니크한 잡화를 창작하는 것으로 유명한데, 이러한 잡화들이 가챠가챠로도 발매되면서 큰 인기를 얻었고 현재는 가챠가챠를 중심으로 활동하고 있습니다.

최근에는 제조사가 미대 출신 인재를 채용해서 상품의 기획과 개발을 사내에서 직접 실행하는 경우도 많아졌는데, 유니크함이 중시되는 가챠가챠 상품이기 때문에 독립계 크리에이터가 맡게 될 역할은 계속 늘어날 것으로 보입니다.

3

가챠가챠 업계의 메인 플레이어 ② 오퍼레이터(대리점)

상품을 유통시키는 숨은 조력자 같은 존재

캡슐의 내용물을 만드는 제조사나 실제 머신이 설치되어 있는 판매점에 비해 일반 소비자가 오퍼레이터의 존재에 대해 인지할 기회는 거의 없고, 오퍼레이터가 하는 업무의 내용을 제대로 이해하고 있는 사람도 많지 않을 거라 생각합니다.

오퍼레이터란 제조사의 대리점에 해당하는 존재입니다. 구체적으로는 제조사로부터 머신 및 상품을 매입해서 자사가 소유한 후, 쇼핑몰 등의 판매점과 협상을 통해 설치에 대한 비용(매출의 15~20% 정도)을 지불하는 조건으로 머신을 설치하고 상품의 보충과 매출의 집금, 머신의 유지·보수 등을 실행합니다. 또 상품의 경우 오퍼레이터가 제조사로부터 매입하는 형태이기 때문에 재고 리스크는 오퍼레이터의 몫입니다.

오퍼레이터의 또 하나의 중요한 기능은 시장의 개척입니다. 가챠가챠가 팔릴 만한 장소(로케이션)를 찾아내고, 상품 구성을 어떻게 하면 효과적일지를 생각합니다.

이렇게 오퍼레이터가 없으면 제조사가 아무리 매력적이고 팔릴 만한 상품을 만들었다고 해도 시장에 유통시킬 수 없고 비용을 회수하는 것도 불가능합니다. 제조사가 가챠가챠 시장에 진입하기 위해서는 오퍼레이터와 거래 구좌를 트는 것이 가장 먼저입니다.

해피넷과 페니 2개사가 중심적인 존재

오퍼레이터는 홋카이도에서 오키나와까지 전국에 걸쳐 존재하며, 각 지역에 뿌리내리고 있는 회사들이 현재의 가챠가챠 비즈니스를 지탱한다고 할 수 있습니다.

제조사 중 업계 1위인 반다이는 해피넷, 2위인 타카라토미아츠는 페니라는 오퍼레이터 회사를 그룹사로 보유하고 있으며, 이 2개사가 차지하는 비중이 전체 시장의 7할 정도입니다. 나머지 3할을 맡고 있는 회사가 토신, 프레스티지, 크리에이션컴, 스프링, 빔, 사이토기획, 반지한에이스 등입니다.

4

가챠가챠 업계의 메인 플레이어 ③ 판매점

과거에는 구멍가게 앞에 놓여 있었다

일반 소비자가 가챠가챠를 구매하는 곳은 쇼핑몰 안에 있는 가챠가챠 코너 또는 전문점입니다. 그러고 보면 우리 곁에 매우 가까이 있는 존재라는 생각이 듭니다. 현재 50세 이상인 분에게는 가챠가챠 하면 개인이 운영하는 구멍가게나 문방구 앞, 또는 슈퍼마켓 같은 곳의 에스컬레이터 밑 자투리 공간에 머신이 놓여 있는 이미지가 떠오르지 않을까 싶습니다.

제1장에서 설명한 바와 같이 1990년대 타카라토미아츠에서 '슬림보이'라는 획기적인 머신이 등장하면서 가챠가챠 판매처의 모습도 크게 바뀌었습니다. 백화점이나 대형마트, 쇼핑몰, 가전 양판점, 서점, 음반매장, 게임센터, 외식 점포, 영화관, 박물관, 미술관, 그리고 지하철역과 공항, 고속도로 휴게소 등 사람이 많이 모이는 장소라면 어디에서든지 가챠가챠 머신을 발견할 수 있게 되었습니다. 단 머신 대수는 많아도 20~30대 정도 규모로, 어디까지나 각 점포의 매출을 보조하는 정도의 존재였습니다.

전문점의 등장

기존 판매점 수의 증가가 둔화되는 가운데 최근 성장을 보이는 것이 한 점포에 수백 대에서 수천 대의 머신이 설치되어 있는, '전문점'이라 불리는 판매 형태입니다. 시장 전체에서 보면 아직 대형마트 쪽이 우위를 점하고 있지만, 최근 시장의 성장을 이끌고 있는 것은 단연 이러한 전문점입니다.

그 선구자라고 할만한 존재가 주식회사 루루아크가 운영하는 '가챠가챠의 숲'입니다. 2017년에 제1호점을 오픈했고, 2018년 이후 점포 수를 단숨에 확장하면서 2023년 7월 31일 현재 기준으로 전국에 86개의 점포를 운영하고 있습니다.

전문점이라고 불리는 점포는 그 이전부터도 존재하고 있었지만, '가챠가챠의 숲'이 획기적이라고 할 수 있는 부분은 전체적인 인테리어를 화이트 톤으로 하고 청결한 느낌을 주는 밝은 조명을 설치해 성인 여성이 들어오기에도 부담 없는 점포 분위기를 만든 것입니다. 이와 더불어 고객 응대 직원을 상주시켜 고객의 문의에 대응할 수 있도록 했습니다. 또 캡슐의 내용물에 대해 알고 싶어 하는 고객을 위해 디스플레이를 설치해서 구매 욕구를 끌어냈습니다. 이러한 전략은 딱 들어맞았고, 이후 5~6년 사이에 그 뒤를 따르는 다른 전문점 체인이 잇따라 등장했습니다.

전문점이 증가한 배경으로는 광열비와 인건비 등의 출점 비용이 저렴하고 설치 기간이 짧아서 일반적인 점포에 비해 가챠가챠 전문점의 출점에 대한 허들이 낮다는 점을 들 수 있습니다.

현시점에서의 주요 전문점 체인 현황은 도표10과 같습니다. 코로나19 팬데믹을 지나면서 인구가 많은 도쿄나 오사카 지역의 일등지를 중심으로 빈 점포에 각 체인의 신규 출점이 이어지는 등 바야흐로 '춘추전국시대'와 같은 양상을 보이고 있습니다.

도표 10   주요 가챠가챠 전문점

체인명	운영회사	점포수
가챠가챠의 숲	주식회사 루루아크	86
가샤폰 백화점	주식회사 반다이남코 어뮤즈먼트	89
가샤코코	주식회사 해피넷	90
씨-플라	주식회사 토신	100
드림캡슐	드림캡슐 주식회사	48
GORON!	주식회사 GENDA GiGO Entertainment	30
캡슐라보	주식회사 캡콤	18
가챠스테	주식회사 타카라토미아츠, 주식회사 페니, 주식회사 타이토	12
캡슐약국	주식회사 게오	8
켄엘리스탠드	주식회사 켄엘리펀트	5
가챠도코로	주식회사 프레스티지	5

주1 각 점포수는 2023년 7월 31일 현재 각사의 홈페이지 정보 기준
주2 '가샤폰 백화점'에는 '책방의 가샤폰 백화점'도 포함

가챠가챠의 경우 운영 체인이나 점포의 입지에 따라 상품 구성에는 다소 차이가 있지만, 300엔짜리 상품이 다른 점포에서는 200엔에 팔린다거나 하는 경우는 없습니다.

가챠가챠의 가격 자체에는 경쟁의 원리가 작동되지 않는 만큼, 상품 구성이나 내부 인테리어, 서비스 등 점포별로 가지고 있는 컬러가 차별화 요소가 됩니다. 앞으로 경쟁이 더욱 치열해짐에 따라 전문점 체인별로 개성을 명확히 드러내야 할 필요가 있어 보입니다.

예를 들어 전문점의 선구자라고 할 수 있는 '가챠가챠의 숲'은 직원 교육에 매우 힘을 쏟고 있습니다. 이 장 마지막에 가챠가챠의 숲을 운영하는 주식회사 루루아크의 나가토모 신지 사장의 인터뷰를 게재했는데, 이 회사에서는 직원들이 스스로를 단순히 물건을 판매하는 판매업이 아니라 '두근거림', '설레임'을 파는 서비스업이라는 점을 인지할 수 있도록 사내 연수에서 확실히 가르친다고 합니다.

실제로 '가챠가챠의 숲' 매장에 들어서면 '어서오세요', 머신의 손잡이를 돌리면 '감사합니다'라고 말하는 직원의 목소리를 들을 수 있는데, 처음부터 끝까지 모든 과정을 고객 혼자 한다는 인상이 강했던 기존의 가챠가챠 구매에 대한 이미지를 바꿔 놓고 있습니다.

또 반다이의 그룹사인 반다이남코 어뮤즈먼트가 운영하는 '가샤폰 백화점'의 이케부쿠로 총본점의 머신 설치 대수는 3,010대로, '세계에서 가장 캡슐토이 머신이 많은 매장'으로 기네스북에 등재되었습니다. 2023년 4월에 오픈한 도큐 가부기쵸타워의 '가샤폰 반다이 오피셜숍 namcoTOKYO점'에는 3D영상이 상영되는 머신 '가샤폰 오디세이'가 등장해 영상을 즐기면서 가챠가챠를 할 수 있게 되었습니다.

전문점의 증가가 상품 및 제조사의 증가를 받쳐주고 있다

최근 10년간 가챠가챠 제조사는 증가했고, 이와 더불어 반다이와 타카라토 미아츠라는 두 대형 회사 역시 상품 수를 늘리면서 매월 발매되는 신상품도 300~400개 시리즈로 늘어났습니다. 이러한 상황에서 엄청난 수의 상품을 소화하는 역할을 하는 것이 바로 전문점입니다.

가챠가챠 시장은 보통 상품의 라이프 사이클이 짧아서 약 1개월이면 머신 안에 들어가는 상품이 바뀌는 것이 일반적입니다. 결과적으로 상품 구성은 신상품 중심이 되고 고객 역시 신상품을 원하는 경우가 많기 때문에 다수의 신상품이 서로 치열하게 경쟁하는 상황이 됩니다. 다채로운 상품 구성이 점포의 매출 상승으로 이어지기 때문에 전문점이 늘어나면 늘어날수록 신상품에 대한 니즈도 커지는 구조입니다. 그리고 신상품의 증가가 신규 고객의 확보로도 연결되는 호순환이 일어나고 있습니다.

서점과의 복합 매장도 등장

최근 주목받고 있는 것이 반다이남코 어뮤즈먼트가 운영하는 전문점 '가샤폰 백화점'과 대형서점의 콜라보인 '책방의 가샤폰 백화점'입니다.

최근 출판 불황 및 디지털화의 물결로 서점 수가 계속 감소하면서 매출과 집객의 상승을 도모하기 위한 수단으로서 서점 안에 문구 판매 코너나 카페를 함께 구성한 복합 매장이 늘어나는 추세입니다. 서점과 가챠가챠의 콜라보도 그 연장선상에서 나온 발상이라고 할 수 있습니다.

둘 다 집객력이 있는 콘텐츠를 다루며, 더불어 양쪽 모두 일본의 다채로운 문화를 구현하는 존재라고 할 수 있는 서점과 가챠가챠의 콜라보는 개인적으로 매우 흥미롭게 느껴집니다.

지금까지 전문점은 도심의 백화점이나 대형 상업시설 내 출점이 중심을 이루고 있었지만, 도심에서의 출점이 일단락되면 이후에는 교외에 있는 서점이나 완구점, 어뮤즈먼트 시설, 가전 양판점, 온천 스파 시설 등에 출점이 이루어질 것이고, 이때 복합매장이라는 서로 집객력을 보완하는 형태의 출점이 많아지지 않을까 생각합니다. 이제 어린이부터 성인까지 모든 층을 대상으로 하게 된 가챠가챠라면 그만큼 힘이 있지 않을까요.

나가토모 신지

주식회사 루루아크 대표이사.
1962년 후쿠오카현 출생. 대학 졸업
후 후지타관광 주식회사에 입사. 1987
년 오나가쇼지 주식회사(현 루루아크)
에 입사, 새로운 업태·점포의 오픈을 이
끌었고, 다수의 이노베이션에 참여했다.
2013년 1월부터 현직에 있다.

Interview

가챠가챠의 숲' 탄생의 비밀

업계에 혁명을 일으킨 '전문점'

제4차 붐을 견인하는 역할의

제4차 붐의 상징이라고 할 수 있는 가챠가챠 전문
점의 출점 러시. 이를 가장 먼저 이끈 것이 2017년
에 1호점을 오픈한 '가챠가챠의 숲'입니다. '가챠가챠
=어린이를 대상으로 하는 자투리 공간 비즈니스'라
는 고정관념을 깨고, '성인 여성도 즐길 수 있는 전
문점'이라는 획기적인 콘셉트를 내세워 현재(2023
년 7월)까지 6년간 전국에 약 90개 점포(자매점, 프
랜차이즈 파트너십점 포함)를 출점하는 대성공으로
연결시켰습니다. 그 발상의 원천에 대해 운영사인
주식회사 루루아크의 나가토모 신지 사장에게 들어
보았습니다.

민사재생법으로 내몰렸기에 탄생한 역전의 발상

— 먼저 '가챠가챠의 숲'을 만들게 된 과정에 대해 이야기를 들려 주시겠습니까?

나가토모 당사는 1958년에 창업하여 처음에는 카페나 백화점 내 식당 등에 설치된 자동운세뽑기 기계를 공급하고 있었습니다. 그 후에 어뮤즈먼트 사업과 캡슐토이 사업을 시작했는데, 당시 리먼 쇼크의 여파로 2009년에 민사재생법(우리나라의 기업회생에 해당―옮긴이)절차를 신청하게 되었습니다. 재생계획 수립 과정에서 가챠가챠의 비즈니스 모델은 기본적으로 '자투리 공간 장사'로, 머신을 설치할 장소를 빌리고 매출의 일정 비율을 지불하는 방식이었기 때문에 업계 타사와의 차별화가 어렵다는 문제점을 파악했습니다. 판매 장소를 늘리면 매출은 증가하지만 동시에 비용도 커집니다. 결국에는 현금이 남지 않는다는 벽에 부딪히고 말았습니다. 한번 더 전략을 수정해야겠다고 생각한 것이 2014년의 일입니다.

— 그때 지금과 같은 '성인 여성도 즐길 수 있는 전문점'이라는 발상을 얻게 된 것인가요?

나가토모 2012년부터 '컵 위의 후치코'가 큰 인기를 얻으면서 가챠가챠를 찾는 '성인 여성' 고객이 꽤 늘었다는 사실은 파악하고 있었습니다. 그렇다면 마니아나 어린이 상대가 아니라 성인 여성이 조용히 가챠가챠를 즐길 수 있는 장소를 전개해 보면 어떨까 하는 생각에 이르게 된 것입니다. 그렇게 해서 탄생한 것이 2017년 제1호점을 오픈한 '가챠가챠의 숲'입니다.

도쿄 젊은 세대들의 메카 하라주쿠 다케시타도리에 있는 '가챠가챠의 숲' 하라주쿠 알타점. 80평의 공간에 1,220대의 머신이 놓여 있다.

— '가챠가챠 전문점'이라는 지금까지 없었던 새로운 콘셉트의 매장을 출점하면서 어떤 부분에 신경을 썼습니까?

나가토모 기존 스타일의 매장에서 가챠가챠를 돌리고 있는 여성을 보면 매장 정면에서는 잘 보이지 않는 뒤쪽 머신에서 가챠가챠를 뽑는 모습을 주로 볼 수 있었습니다. 그렇다면 밝고 세련된 인테리어로 문턱을 낮추고, 성인이 가챠가챠를 돌리고 있어도 부끄럽지 않을 만한 분위기를 만들어 봐야겠다고 생각했습니다. 그리고 여러 번 시행착오를 거치면서 인테리어 디자인과 상품의 진열 방식 등을 조금씩 바꿔 나갔습니다. 또 캡슐의 내용물을 보여주기 위한 디스플레이도 설치했습니다. 기존의 가챠가챠 코너에서는 생각할 수 없는 부분이지만 스스로를 소매업이라고 생각한다면 당연한 발상이기도 합니다.

— 점포의 매출은 어떤 식으로 변화되었나요?

나가토모 처음으로 낸 매장은 1년차에는 매출이 200~300만엔 정도였는데, 2년차, 3년차가 되어 성인 여성이 완전한 메인 고객층이 되고 나서는 2배 정도의 매출을 올리게 되었습니다. 이전 가챠가챠 코너의 콘셉트에서는 메인 고객이 어린이였는데 실제로 쓰는 돈은 부모님한테서 나오기 때문에 '오늘은 2개까지만이야' 같은 제한이 걸려 있었습니다. 하지만 성인 여성이 마음껏 대량구매를 하게 되면서 지출의 제한이 없어지다 보니 고객 1인당 평균매입액(객단가)이 확실히 증가하기 시작했습니다. 예를 들어 어떤 시리즈를 완성시키고 싶다고 했을 때, 시리즈가 300엔짜리 상품 5종으로 구성되어 있다고 가정하면 매출은 1,500엔이라고 생각할 수 있지만, 거기서 끝나는 것이 아니라 당연히 겹치는 상품이 나오는 경우를 감안해서 2,000엔 정도는 예사로 쓰는 고객이 많아졌습니다.

가챠가챠는 경험소비다

— '가챠가챠의 숲'은 각 점포에 반드시 고객 응대 직원이 있다는 점도 획기적이라고 생각합니다.

나가토모 과거의 가챠가챠를 떠올려 보면 '모조품 아니야?', '이상한 물건이 나오는 거 아니야?' 같은 불안이 어떻게든 항상 따라다녔기 때문에 그런 부분을 불식시키기 위해 고객

116

1만 엔 지폐에 대응하는 지폐교환기(위)와 캡슐의 내용물을 진열해 둔 디스플레이(아래)

응대 직원을 두었습니다. 상품에 대해 문의했을 때 제대로 설명해 줄 수 있는 직원이 상주하는 환경을 유지하는 것이 고객에게 안심감을 주면서 더욱더 성인 고객이 가챠가챠에서 새로운 즐거움을 경험할 수 있게 되었다고 생각합니다.

― 점포 직원 교육은 어떤 식으로 하고 있습니까?

나가토모 트레이닝 전문 부서가 있어서 약 한 달 정도 트레이너가 항상 옆에 붙어서 고객 응대 지도를 하고 있습니다. 이번에 의류업계에서 20년 가까이 일했고 현재는 접객 트레이닝을 하고 있는 전문가를 새로 투입해서 고객 응대에 대한 재검토를 진행 중입니다.

― 그렇게까지 철저하게 하는 이유는 무엇입니까?

나가토모 제가 평소 직원들에게 늘 하는 말이 '우리는 물건을 파는 것이 아니다'라는 것입니다. 세상이 물질 소비에서 경험 소비로 바뀌고 있는 과정에서 우리는 경험 소비, 즉 고객에게 '두근거림', '설레임'을 팔고 있는 거라 말합니다. 머신에 동전을 넣고 핸들을 돌리는 행위는 분명한 경험 소비입니다. 또 가챠가챠의 경우 기본적으로 초기 생산 수량밖에 만들지 않기 때문에 한번 품절되면 앞으로는 더이상 구매할 수 없다는, 일생의 한 번뿐인 만남이라는 세계관이 있어서 '경험 소비' 또는 '감성 소비'라는 키워드로도 말할 수 있습니다.

전문점 춘추전국시대에 차별화 전략은?

— '가챠가챠의 숲'이 기선을 잡은 모양새로, 그 뒤를 따르는 다른 전문점의 출점이 매우 활발하게 이루어지고 있습니다. 그야말로 춘추전국시대인데, 귀사는 어떤 식으로 차별화를 생각하고 있습니까?

나가토모 저희는 현재 POS(판매시점 정보관리) 시스템을 전 점포의 모든 머신에 전개하고 있습니다. '무엇이, 언제, 어디에서 팔렸는가' 하는 데이터를 실시간으로 얻을 수 있게 했습니다. 매장의 입지가 달라지면 잘 팔리는 상품도 달라지기 때문에 각 매장의 히트 상품의 수량을 데일리로 파악하고 다음 발주에 적용해서 품절이 발생하는 등의 기회 손실을 없애기 위한 노력을 하고 있습니다. 그리고 '어느 매장에, 어떤 상품이, 지금 몇 개 있는지' 하는 정보의 파악이 가능하기 때문에 '가챠가챠의 숲' 애플리케이션을 만들어서 고객에게 정보를 제공할 수 있지 않을까 하는 생각도 하고 있습니다. 이러한 부분은 타사에서는 아직 제공하고 있지 않은 당사만의 차별화 요소입니다. 그리고 2024년 봄까지 새 물류 센터를 열 계획인데, 완전한 자동 분류로 상당한 물량을 주말에도 출하할 수 있는 시스템 구축을 통해 매장의 기회 손실을 줄여 나가서 매출 상승 및 고객에 대한 서비스 향상으로 연결시키고자 합니다.

'가챠가챠의 숲'에서 타 업계가 배울 점

— 귀사는 가챠가챠라는, 언뜻 보면 고정화된 듯이 보이는 업계에 새로운 바람을 불어넣었습니다. 가챠가챠 업계 이외의 타 업계에 제언할 만한 내용이 뭔가 있을까요?

나가토모 고정관념에서 벗어나는 것의 중요성입니다. 예를 들어 저희는 민사재생을 거치면서 기존 형태의 어뮤즈먼트 시설의 구조조정을 꽤 진행했는데, 그 과정에서 나온 것이 '니코니코 가든'이라는 새로운 업태입니다. 니코니코 가든에는 단순히 어린이를 위한 실내 놀이 공간이 아닌, '엄마가 편안한 휴식처, 엄마들도 친구를 만들 수 있는 장'이라는 내면의 콘셉트가 있습니다. 저렴한 비용으로 아이를 데리고 놀러갈 수 있는 곳인 동시에, 아이들이 뛰어 노는 것을 곁에서 지켜보며 테이블에 앉아 있는 엄마들에게는 무료로 음료를 제공하고 간식을 싸 오는 것도 허용하고 있습니다. 어뮤즈먼트 시설로서의 매출 자체는 그렇게 크지 않지만, 게임센터도 함께 운영하고 있기 때문에 다 놀고 집에 가는 길에 UFO 캐처(인형뽑기 기계-옮긴이)에 몇백 엔 정도 써 준다면 그걸로 충분하다는 비즈니스 모델로 잘 구축되었습니다. 아무리 완성된 형태의 비즈니스라도 발상의 전환에 따라 바뀔 수 있다는 점은 모든 업계에 공통되는 부분이 아닐까요.

매장 내에 있는 불필요한 캡슐의 리사이클 박스. 리사이클에도 재미있게 참여할 수 있도록 위트를 더했다.

제 3 장

업계 선두주자에게 듣는
가챠가챠 비즈니스에서
성공하는 방법

후루야 다이키

주식회사 키탄클럽 주재(主宰).
1975년 사이타마현 출생. 주식회사 유
진(현 타카라토미아츠)에서 캡슐토이에
대해 배웠고, 2006년에 독립해서 주식
회사 키탄클럽을 설립. 타사에 지지 않
는 독창적인 아이디어와 퀄리티로 연이
어 히트 상품을 탄생시키고 있다

Interview 1

말하는 가챠가챠 비즈니스의 미래

「컵 위의 후치코」를 탄생시킨 장본인이

시리즈 누계 판매 2000만 개!

현재 가챠가챠 업계는 반다이와 타카라토미아츠라
는 투 톱을 상대로 수많은 중소 제조사가 독창적인
상품을 내세우며 도전하는 모양새라고 할 수 있습니
다. 그 시작이 된 것이 2012년에 처음 발매되어 현
재까지 시리즈 누계 판매 2,000만 개라는, 가챠가
챠 업계의 역사에 한 획을 그은 에폭 메이킹(epoch-
making, 획기적인 시도―옮긴이)이 된 '컵 위의 후치
코'입니다. 이 회사 대표인 후루야 씨에게 경영 스타
일 및 앞으로의 업계 전망에 대해 들어 보았습니다.

최대의 히트작 「컵 위의 후
치코」. '어떻게 하면 팔릴까'
보다 '어떻게 하면 재미있
다고 느낄까'를 생각했다고
한다.

매출 목표는 세우지 않는다

— 키탄클럽은 올해(2023년)로 창립 몇 주년이 되었나요?

후루야 2006년 창립이니까 올해로 17년째입니다. 앞으로 몇 년만 더 있으면 20주년이네요.

— 예전 미디어 인터뷰를 보면 '키탄클럽은 매출을 신경쓰지 않는다'라고 자주 이야기하셨는데, 지금도 변함 없습니까?

후루야 매출 목표가 없다는 것은 그대로입니다.

— 일반적인 회사라면 매출 목표를 세우지 않습니까? 그런 건 하지 않는 건가요?

후루야 우리의 목표가 한 가지 있다면 매월 회사를 운영하기 위해 필요한 자금 3,000만엔은 확실히 벌어들이는 것 정도일까요. 운영 자금만 확보해 두는 '자전거 조업'(멈추지 않기 위해 계속 자전거 페달을 밟듯이 일을 계속해서 자금 조달을 해야만 회사가 운영되는 불안정한 경영 상태를 일컫는 말―옮긴이)을 17년간 계속해 오고 있습니다.

— 그렇게 했을 때 곤란한 점은 없습니까?

후루야 제 나름대로 로직이 일단 있기는 합니다. 그 해 매출의 뼈대가 될 건실한 아이템을 1년에 몇 개 정도 준비해 둡니다. 그러고 나서 내년 이후에 매출의 핵심이 될 새롭고 재미있는 아이템을 준비해 나가는 방식입니다.

— 현재 매출은 어느 정도입니까?

후루야 20억 엔 전후입니다. 올해는 라이선스 상품이기는 하지만 '치카와(ち いかわ)'가 좋은 반응을 얻었습니다.

. . . .

제2, 제3의 '후치코'는 어디에서 나올까?

— 키탄클럽이라고 하면 2012년에 만화가 다나카 가쓰키 씨와 함께 선보인 '컵 위의 후치코'가 시리즈 누계 판매 2,000만 개라는 메가 히트상품이 되면 서 지금의 오리지널 가챠가챠 융성의 기반이 되었고, 동시에 신흥 제조사가 늘어나는 계기가 되었습니다. 현재 가챠가챠 제조사는 40개 가까이까지 증가 했는데, 선도자로서 현재의 상황을 어떻게 생각하십니까?

후루야 제조사 간의 경쟁은 치열해졌지만 소비자 입장에서는 상품의 다양성 이 확대되어 한층 더 즐거운 가챠가챠의 세계가 펼쳐진 게 아닐까 생각합니 다. 특히 최근 업계를 보면서 느낀 점은 '후치코'를 보며 자란 젊은 크리에이터 들이 현재 각 제조사에서 유니크한 상품을 기획하고 있다는 것입니다. 이전 에는 캐릭터의 힘에 의지하는 상품이나 타사의 유사품 같은 상품이 여기저기 보였는데, 이제 새롭고 신선한 상품이 점점 늘어나고 있는 듯합니다. 여전히 유사품도 많기는 하지만……

— 확실히 각 제조사의 최근 상품들을 보면 다들 각자의 개성을 잘 보여 주 고 있다는 생각이 듭니다.

후루야 '후치코'는 저희가 11년 전에 만들어냈지만, 앞으로 젊은 세대의 크리

에이터가 제2, 제3의 '후치코' 같은 걸 만들어 준다면 기쁠 것 같습니다. 그렇게 되면 저희도 자극을 받을 테니까요.

· ·

SNS상의 연결로 새로운 스타가 탄생한다.

오쓰하타 게이코 씨와 콜라보한 「야키토링구(やきとリング)」(닭꼬치를 뜻하는 '야키토리'와 반지의 '링', 속재료를 뜻하는 '구'를 합친 말—옮긴이)

— 앞으로 가챠가챠 업계에 진입하고 싶은 사람 또는 기업에게 제조사의 입장에서 해 줄 어드바이스가 있을까요?

후루야 기본적으로 그렇게 큰 돈을 벌 수는 없을 거라 생각하는 편이 좋습니다 (웃음).

— 하지만 키탄클럽은 잘 벌고 있지 않나요? 어떻게 하면 돈을 잘 벌 수 있는지 아마 다들 궁금해할 거라 생각합니다.

후루야 가장 간단한 방법은 메이저한 캐릭터의 라이선스를 확보하는 것인데, 역사가 짧은 신규 진입 회사에게는 허들이 꽤 높습니다. 한편 오리지널 상품이라면 초심자의 아이디어로 만든 캐릭터가 어느 날 갑자기 SNS를 통해 화제가 될 가능성을 품고 있습니다. 그러한 의미에서는 아직 아무도 모르는 '다이아몬드 원석'이라고 할 만한 인재를 재빠르게 캐치할 수 있다면 성공할 가능성이 있다고 봅니다. 물론 그 원석을 꽃피울 수 있을지 없을지는 제조사 프로듀서의 능력에 따라 달라지겠지만, 새로운 물결이 언제 어디서 탄생할지 지켜보는 것 또한 즐거움입니다. 제가 기대하는 그림은 여지껏 초심자나 다름없었던, 한 사람은 그림을 잘 그리고 다른 한 사람은 프로듀스 능력이 뛰어난 두 사람이 어떠한 계기를 통해 SNS상에서 서로 알게 되어 팀을 만들고, 우리 세대는 감지하지 못할 만한 부분에서 붐을 일으켜서 가챠가챠는 물론 캐릭터 업계 전체를 뒤흔드는 것입니다. 생각만 해도 재미있지 않나요?

— 역시 SNS가 가챠가챠에 미치는 영향은 크겠네요. '컵 위의 후치코'도 SNS에서 불이 붙었죠. 그럼 제2, 제3의 '후치코'도 SNS에서 탄생할지도 모르겠네요.

후루야 그럴 가능성도 있습니다. 단 후치코의 경우 정말 기적이었다고 생각합니다. 쉽게 될 일이었다면 제2, 제3의 '후치코'가 벌써 나와도 나왔겠죠. 그도 그럴 것이 '긴케시(근육맨 지우개)'가 유행한 이후에 '후치코'가 나오기까지 30년 가까이 걸렸으니, 확률적으로 보면 기적이었다고 생각합니다. 그렇기 때

쇼와 시대 초등학교의 목조
교실을 모티브로 한 오피스
인테리어.

문에 제2, 제3의 '후치코'를
우리가 만들겠다는 마음가짐
으로는 오히려 탄생하기 어렵
지 않을까 생각합니다.

— 더 젊은 세대에서 재미있는 게 탄생할 거라는 말씀이시네요.

후루야 그렇습니다. 현재 회사에 있는 멤버라기보다는 앞으로 새로 들어올
직원들이 그런 걸 만들어내게 되지 않을까 생각합니다.

— TV는 보지 않고 SNS만으로 살아가는 세대이기 때문에 지금까지와는 또
다른 유니크한 것이 나오지 않을까 싶기도 하네요.

후루야 그들에게는 디지털이 처음부터 존재했기 때문에 생활의 토대 자체가
우리들과는 전혀 다르니까요.

디지털로 가챠가챠는 어떻게 변화할까?

— 가챠가챠 업계에 있어 캐시리스 등 디지털 역시 또 다른 의미로 새로운
가능성을 품고 있다고 생각되는데, 후루야 씨는 이를 어떻게 보고 계십니까?

후루야 디지털은 엄청난 가능성을 품고 있다고 생각합니다. 지금은 실물의
상품을 사는 것이 대전제가 되어 있지만, 디지털 콘텐츠를 사고파는 것이 가

능해지면 음악, 애니메이션, 콩트, 아트, 뭐든 판매할 수 있게 됩니다. 그것도 스마트폰만 있으면 그 자리에서 끝납니다. 그 점이 포인트라고 생각합니다.

— 역시 다양한 가능성이 나올 수 있겠네요. 하지만 디지털을 가챠가챠에 적용하는 데는 여러 걸림돌이 있을 것 같다는 생각이 듭니다.

후루야 베이스가 되는 가상통화나 NFT(대체불가토큰. 블록체인 기술을 활용한 위조 불가능한 감정서·소유증명서가 첨부된 디지털 데이터를 말함) 자체가 아직 일반적이지 않죠. 이러한 것들이 어느 정도 보급되어 더 간단하게 여러 가지를 실행할 수 있게 되지 않으면 비용이 안 맞아서 현실적인 비즈니스로는 그렇게까지 확장되기 어렵지 않을까 생각합니다.

— 우리 세대에게는 디지털이 그다지 와닿지는 않는데, 젊은 세대는 지금까지의 가챠가챠 업계의 일원에는 포함되어 있지 않았으니 앞으로 굉장한 것이 탄생할지도 모르겠네요.

후루야 '후치코'의 발매 당시 10살이었던 어린이가 올해는 취업할 나이가 되었습니다. 그러니 앞으로의 10년은 재미있어지지 않을까요.

주식회사 퀄리아의 오가와 유야 사장은 창업 약 7년 만에 연 매출 20억 엔을 달성하는 등, 가챠가챠 업계에서 현재 가장 주목받고 있는 히트 메이커 중 한 명입니다. 오가와 씨는 원래 프로 축구선수를 목표로 했었고, 전 직장에서 관련 업무를 하기 전까지는 가챠가챠와 전혀 인연이 없는 삶이었던 이색 커리어를 가지고 있습니다. 이런 오가와 씨에게 가챠가챠 비즈니스의 재미와 고충, 그리고 퀄리아(라틴어로 '나다운'이라는 의미)가 중요하게 생각하고 고집하는 부분에 대해 솔직하게 들어 보았습니다.

오가와 유야

주식회사 퀄리아(Qualia) 대표이사.
1988년 사이타마현 출생. 2010년 주식회사 키탄클럽에 영업직으로 입사하여, '컵 위의 후치코'를 시작으로 하는 대히트 상품에 참여. 2016년에 독립해서 주식회사 퀄리아를 설립. '두근두근한 물건 만들기'를 테마로 한다.

Interview 2

가챠가챠 비즈니스의 재미

'차라샤츠'로 본

신규업체지만 연속 히트로 연 매출 20억 엔!

「약동감이 전부인 푸딩(躍動感があるだけのプリン')」
생생한 조형으로 나도 모르게 푸딩이 먹고 싶어진다?

네이밍은 가챠가챠의 '생명'

— 계속해서 확대되어 온 가챠가챠 시장에서도 퀄리아의 상품은 눈에 띄게 잘나가고 있는데, '닛코리-노' 등 상품의 네이밍에 특히 뛰어난 것 같습니다.

오가와 초기 상품의 경우 네이밍은 모두 제가 생각했는데, 최근에는 직원들도 어느 정도 저의 방식을 이해해서 상품의 네이밍에도 '퀄리아다움'을 추구하고 있습니다. '퀄리아답게'란 어떤 것인지 설명하자면, 예를 들어 이 상품은 흔들리고 있는 평범한 푸딩의 모습을 하고 있는데, '약동감이 전부인 푸딩'이라는 조금 긴 네이밍으로 이유 없이 푸딩이 갑자기 재미있어집니다. 예전에는 단순히 귀여운 캐릭터를 만들거나 정말함을 추구하기만 해도 잘 팔렸지만, 비슷비슷한 상품이 늘어난 지금은 상품의 배경이나 스토리 같은 요소가 필요합니다. '아 그렇구나, 재미있네'라는 고객의 공감으로 연결되었을 때 비로소 팔리는 것이 아닐까 생각합니다.

— 한편, 기본적으로 직원의 아이디어는 버리지 않는다고 들었는데, 구체적으로는 어떤 방식으로 하고 있습니까?

오가와 버려질 것 같은 기획이나 아이디어라도 브레인 스토밍 등을 통해 다른 형태로 상품화할 수 있도록 하고 있습니다. 예를 들어 '돼지 저금통과 친구들'의 경우 처음에 영업 담당자가 돼지 저금통 피규어를 만들고 싶다는 이야기를 했는데, 저는 '그건 좀 아닌 것

「돼지 저금통과 친구들(豚の貯金箱と仲間たち)」. 실제 저금통으로 사용할 수 있다.

같은데'라는 생각이 든 겁니다. 그래서 영업 담당자와 함께 '돼지 저금통이라면 피규어가 아니라 실제로 저금통으로 쓸 수 있고, 거기에 더해 캡슐리스로 전개하면 재미있지 않을까' 하는 이야기를 나눴습니다. 그 결과 인기를 얻었고 현재 시리즈의 파트3까지 진행된 상태입니다.

SNS에서도 '퀄리아다움'을 추구한다

— 제 생각에는 '퀄리아다움'의 하나로 SNS의 활용이 뛰어나다는 점을 들 수 있을 것 같습니다. 그 부분은 어떤 전략으로 진행되고 있는 건가요?

오가와 저희가 대규모 회사와 다른 점은 기본적으로 오리지널 상품을 메인으로 해서 승부하고 있다는 점입니다. 대중 매체에서의 노출이 거의 없는 오리지널 상품을 팔기 위해서는 뭔가 부가가치를 더하지 않으면 안 됩니다. 그런 생각으로 2년 전부터 유튜브로 정보를 제공하기 시작했습니다. 제가 직접 유튜버 '차라샤초(チャラ社長)'('가벼운', '경박한'을 의미하는 チャライ(차라이)와 사장을 합친 말로, '경박한 사장'이라는 의미의 닉네임—옮긴이)로 출연하고 그걸 시청자가 재미있게 봐 준다면 오리지널 상품이라도 팔릴 거라 생각합니다. 퀄리아의 팬을 만드는 동시에 저 자신의 팬도 만들고 싶다는 의도가 있었습니다. 중요한 것은 지속입니다. 초반에는 오사카의 거래처에서 진지하게 "재미없다"라는 말을 듣고 꽤 상심하기도 했지만 그래도 주 3회 꾸준히 이어나가고 있습니다. 얼마 전 이벤

「고양이 펜 거치대(ネコのペンおき)」, 실제 볼펜이나 샤프펜슬을 고양이 손 위에 올려 둘 수 있다.

트 참석 차 삿포로에 방문했을 때 아이들이 부모님과 함께 달려와서 '차라샤초'라며 말을 걸어 주었습니다. "같이 사진 찍고 싶어요", "드디어 만나게 되었네요"라는 말을 듣고 진심으로 기뻤습니다. 오리지널 상품이기 때문에 사장인 제가 직접 출연해서 상품의 콘셉트를 전달하는 것이 중요하다고 생각했고, 정말 하길 잘한 것 같습니다.

제조사의 경영자가 본 가챠가챠의 재미

— 오가와 사장님은 예전에 신문 인터뷰에서 "가챠가챠로 억만장자가 되고 싶다"라고 말씀하셨는데, 지금도 그 생각에는 변함이 없습니까?

오가와 저는 가챠가챠는 돈이 된다고 생각합니다. 다만 처음부터 돈을 벌려는 생각으로 시작한 것이 아니라, 굳이 말하자면 '손해를 보고 더 큰 이득을 취하라'와 같은 자세라고 할 수 있습니다. 금형비용 등 초기 투자가 필요하기 때문에 초반에는 적자가 되는 경우가 많은데, 팬 분들은 우리의 조형에 대한 고집을 잘 알고 최종적으로 돈을 지불합니다. 실제로 상품을 10개 내면 그중 2개는 반드시 재발매되고 있습니다. 다른 3개 정도는 컬러 변경이나 파트2로 꼭 이어집니다. 초기 생산분으로 끝나 버리는 상품은 별로 없습니다.

— 그런 의미에서 퀄리아는 상품의 히트 확률이 굉장히 높은 편이라고 생각합니다. 앞으로 가챠가챠 업계에 진입하고 싶어하는 사람에게 전하고 싶은 메시지가 있습니까?

오가와 진심으로 하고 싶다면 꼭 도전해 보길 바랍니다. 저도 스물 여덟에 독립에서 지금까지 어떻게든 회사를 유지할 수 있었는데, 단지 '돈을 벌 수 있기 때문에 한다'가 아니라 '가챠가챠가 좋아서 하고 싶다'라고 생각하는 편이 성공할 확률은 올라간다고 생각합니다.

— 가챠가챠 일을 하면서 가장 즐거운 것은 무엇입니까?

오가와 저는 고객에게 "퀄리아가 만들면 엄청나게 좋아요"라는 말을 들을 때 가장 즐겁습니다. 조형이 확실히 뛰어나다거나, 사이즈가 크다거나. 그러한 목소리를 들으면 정말 행복합니다.

— 지금 사이즈가 크다는 이야기를 하셨는데, 최근 300엔이나 400엔짜리 상품이 늘어나면서 예전 감각으로 보면 좀 비싸다고 느끼는 사람도 있는 것 같습니다. 그 점에서 퀄리아의 상품을 보고 있으면 같은 가격이라도 다른 회사에 비해 상품의 크기가 크다

'퀄리아다움'을 고집하며 만들어진 상품군. 오가와 씨가 진행하는 유튜브 방송의 타이틀도 '퀄리아다움 채널'.

는 느낌이 듭니다. 의도한 부분인가요?

오가와 앞서 이야기한 '손해를 보고 더 큰 이득을 취하라'와 연결되는 부분인데, 캡슐을 열었을 때 내용물이 작으면 고객은 조금 실망스럽지 않을까 생각합니다. 반대로 열어 봤을 때 '크다. 어떤 제조사 거지?'라고 생각하고 퀄리아의 유튜브를 보게 된다면 이런 이상한 사람이 사장을 하고 있네 하겠죠(웃음). 그걸로 바로 팬이 되어줄지 어떨지는 모르지만, 그런 것이 차곡차곡 쌓여가는 게 매우 중요하다고 생각하기 때문에 계속 이어갈 생각입니다.

타 업계가 가챠가챠 업계에서 배울 점

— 마지막으로 드리고 싶은 질문은, 지금 가챠가챠와는 전혀 다른 업계에 있는 사람들에게 가챠가챠의 이러한 부분에서 앞으로의 비즈니스의 힌트를 참고할 수 있다고 할 만한 것이 있을까요?

오가와 다른 업계에 계신 분들에게 한 가지 이야기한다면, 우리 제조사들은 늘 새로운 가챠가챠의 소재를 찾고, 한 달 단위로 다양한 기획을 내지 않으면 안 된다는 점입니다. 여기저기 안테나를 세우고 단시간에 기획하고 실현하는 것의 중요성은 어떤 업계와도 연결되는 이야기라고 생각합니다. 그리고 완성된 신작의 프로모션에 있어서도 수많은 상품이 즐비한 가운데 고객의 눈길을 붙잡을 수 있는 POP 광고를 디자인하거나 마음에 꽂히는 광고 문구를 생각하는 일의 중요성 또한 어떤 업계에서도 통하는 부분일 것입니다. 사진 한 장을 보여 주는 방식, 카피 한 줄을 더하는 방법에 따라 상품이 팔리기도 하고 팔리지 않기도 한다는 것은 어떤 업계든 마찬가지입니다. 그러한 관점으로 가챠가챠를 봐 주신다면 다른 업계 분들에게도 참고가 될 수 있는 부분이 많이 있지 않을까요. 말이란 정말 중요하다고 생각합니다.

유한회사 자리가니웍스

무카사 다로(우: 공작 담당), 사카모토 요시타네(좌: 디자인 담당)가 운영하는 멀티 크리에이티브 회사.
'이게 아니야 로보(コレジャナイロボ)', '자폭 버튼(自爆ボタン)', '도게자 스트랩(土下座ストラップ)' 등 가챠가챠를 포함한 완구의 기획과 개발, 디자인 중심의 캐릭터 창안, 작사·작곡, 스토리 집필 등 장르에 얽매이지 않는 폭넓은 콘텐츠 제작 활동을 전개하고 있다.

Interview 3

강의를 통해서도 재현
혹독한 가챠가챠의 세계를
'즐거움'!
독자적 크리에이티브의 출발점은

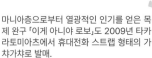

마니아층으로부터 열광적인 인기를 얻은 목제 완구 「이게 아니야 로보」도 2009년 타카라토미아츠에서 휴대전화 스트랩 형태의 가챠가챠로 발매.

가챠가챠 제조사가 오리지널 상품을 개발할 때는 사내 기획 담당자 외에 외부 크리에이터의 힘을 빌려서 진행하는 경우가 일반적입니다. '굿 디자인 상'을 수상한 '이게 아니야 로보', 시리즈 누계 판매 310만 개를 기록한 '도게자 스트랩' 등 가챠가챠 크리에이터의 선구자로 알려진 자리가니웍스의 무카사 다로 씨와 사카모토 요시타네 씨에게 크리에이터로서 느끼는 가챠가챠만의 재미에 대해 이야기를 들어 보았습니다.

가챠가챠를 시작한 계기

— 저는 두 분이 가챠가챠 크리에이터 분야의 선구자라고 생각합니다. 가챠가챠 일을 시작하게 된 계기에 대해 알려 주세요.

무카사 저는 전 직장에서 완구를 만들고 있었고, 사카모토는 어뮤즈먼트 게임을 만들고 있었습니다. 둘이 뜻을 모아 자리가니웍스를 설립하게 되었고 가챠가챠 일을 시작하게 된 것은 자연스러운 흐름이었던 것 같습니다.

사카모토 동아리 활동을 하다가 물 흐르듯 그대로 회사를 시작하게 된 것이었기 때문에 가챠가챠에 한정하지 않고 재미있는 거라면 뭐든지 해야지 하는 느낌이었어요.

— 2001년에 발표한 '이게 아니야 로보'가 그 후 큰 인기를 얻으면서 2008년 '굿 디자인 상'에 선정되기도 했는데, 실제 가챠가챠 일을 시작하게 된 건 그 이후인가요?

무카사 가챠가챠는 회사를 설립했을 때부터 관여하고 있었습니다. 전 직장에서 했던 일에서 자연스럽게 연결되면서 마침 관련된 이야기들을 접할 기회가 계속 이어지게 되었달까요.

2010년에 키탄클럽에서 발매된 「도게자 스트랩」 시리즈. 누계 판매 300만 개를 넘어서는 대히트를 기록.

— 처음 가챠가챠로 상품화한 것은 무엇입니까?

사카모토 여러 가지를 냈는데, 완전하게 첫 단계부터 저희가 제안한 것이라는 의미로 본다면 2010년에 키탄클럽에서 발매된 '도게자 스트랩'이 처음이라고 할 수 있을 것 같습니다. 기획 회사를 설립하기는 했지만 기획 자체만으로는 돈이 되기 어려운 업계에서 크리에이터로서 적극적으로 우리의 이름과 얼굴을 내걸고 그것이 부가가치가 될 수 있도록 해 나가자고 생각했습니다. 선구자라는 표현은 건방질 수 있지만 아무 것도 없었던 곳에 이러한 업태를 새로 만들지 않았나 하는 생각은 있습니다.

— 무카사 씨는 현재 '로컬 가챠'(가나가와현 사가미하라시)를 진행하고 계시죠. 그런 건 역시 지역 활성화를 위해 나서고 있는 걸로 볼 수 있을까요?

무카사 그것이 대의명분이기는 하지만 실은 재미있어서 하는 것뿐입니다. 말하자면 가챠가챠 비즈니스란 그런 게 아닐까요? 이렇게 많은 사람과 여러 기업이 업계에 진입해서 이를 악물고 열심히 하고 있는 걸 보면 역시 재미있어서가 아닐까 하는 생각을 많이 합니다.

사카모토 결국은 그런 것 같아요. 다른 상품이라면 기획에서 발매까지 시간이 걸린다거나, 진행이 수월하게 되지 않는다거나 하는 부분이 있지만, 가챠가챠의 경우 '합시다'라는 이야기가 나오면 훅 진행이 되죠. 그런

부분이 저희의 속도감과 궁합이 잘 맞는 게
아닌가 하는 생각이 듭니다.

....

'공감성', '장난기', '양방향성'이
히트 상품의 요소

— 현재 매월 발매되는 새로운 가챠가챠 시리즈가 400개 정도 됩니다. 그중에서 '선택받는 상품'이 되는 것은 대단한 일이지요.

무카사 맞아요. 저희도 매월 새 가챠가챠 관련 기획을 내고 있는데, 뭔가 혁신적인 것을 선보이고 싶다고 늘 생각하지만 쉽지는 않습니다.

사카모토 가챠가챠의 새로운 흐름 같은 걸 만들고 싶다고 항상 생각하고 있지만요.

— 최근 가챠가챠를 보고 있으면 색다른 취향을 반영한 상품이 적지 않은 것 같습니다.

무카사 자유롭다는 것이 가챠가챠의 매력이 아닐까요. 진입장벽이 낮다는 점도 있지만, 요즘 트렌드가 아니더라도 뭔가 일부러 만들어 볼 수 있다는 것, 그게 중요하겠죠. '내가 좋아하니까'라는 생각으로 만들어진 기획이 고객에게도 통할 거라 생각합니다.

사카모토 가챠가챠에는 공감과 참여를 보여주는 움직임이 있습니다. SNS의 게시물을 보고 '좋아요'를 누르는 것처럼 가챠가챠 머신을 돌리는 것은 공감을 나타냅니다. 이런 장난기 있는 상품, 의외로 엉뚱한 메시지를 담은 상품 쪽이 고객도 가볍게 즐길 수 있겠죠.

무카사 역시 조금 색다른 재미가 있는 상품을 만들고 싶고, 고객이 상상력을 발휘할 수 있는 양방향성이 있는 상품을 제공하고 싶습니다.

사카모토 저희 자신이 가챠가챠를 좋아한다는 점도 있어요. 아마도 플레이어의 의식이 있기 때문에 이러한 상품도 만들어지는 게 아닐까요.

무카사 그런 것 같아요. 누구나 가챠가챠를 알고 있고, 가챠가챠를 해본 적이 없는 사람이라도 막연하게 '즐거운 것'이라는 이미지를 가지고 있는 경우가 많고요.

— 앞으로 자리가니웍스로서 포부가 있습니까?

무카사 역시 히트작을 내고 싶습니다. 저희는 아이디어를 제공하는 쪽이기 때문에 제조사가 기뻐할 수 있도록 대히트작을 내고 싶다고 늘 생각하면서 아이디어를 떠올리고 있습니다.

워크숍에서 실제로 가챠가챠를 재현

— 두 분은 창작 활동과는 별개로 지금까지 10년 넘게 미술계열 대학이나 전문학교에서 기획 및 캐릭터 디자인에 대한 강의를 하거나, 가챠가챠를 소재로 한 워크숍을 진행하고 계시지요. 워크숍에서는 프레젠테이션을 진행하는 날 실제로 가챠가챠 머신을 활용해 100엔 동전을 넣고 돌리는 투표 형식으로 매출 경쟁을 시킨다는 이야기를 들었습니다.

사카모토 그렇습니다. 학교 측이 저희에게 의뢰하는 이유는 단기간에 고객에게 공감을 받아야만 하는 그래픽 디자인이나 광고의 세계와 매장에서 짧은 순간에 고객과 커뮤니케이션해서 머신을 돌리게 만들어야 하는 가챠가챠의 세계에 공통되는 부분이 있기 때문이 아닐까 싶습니다.

— 그렇군요. 학생들에게 두 분 처럼 될 수 있는 비결도 가르쳐 주고 계십니까?

무카사 아니요. 전혀요. 저희들은 '우리 같이 되어 줘'라고는 1도 생각하지 않아서요(웃음).

— 두 분도 게스트로 참가해 주고 계신데, 제가 일 년에 몇 차례 개최하고 있는 가챠가챠 이벤트에 참가하는 분들, 특히 학생들 사이에서는 두 분과 같은 크리에이터가 되고 싶어 하는 이들이 많은 것 같습니다.

사카모토 단순히 즐거워 보여서가 아닐까요. 다만, 비결이라고는 할 수 없지만 저희도 가르치는 입장에 있는 이상 전달되었으면 하는 이념 같은 것은 있습니다. 그것은 설명이나 설득과 같이 어른들의 관점에서 그럴 듯하게 정리된 기획이면 되겠지 하고 생각하지 않았으면 하는 것입니다. 고객이 정말로 내가 원하는대로 내가 즐거우니까 상품을 구입한 것의 결과로서 회사는 돈을 벌고, 또 더 좋은 세상이 될 수 있는 구조를 만들어 나갔으면 하는 바람이 있습니다.

크리에이터 지망생에게 전하는 메시지

— 마지막으로 앞으로 가챠가챠 일을 시작하려는 크리에이터들에게 전하는 메시지를 부탁드립니다.

무카사 가챠가챠 업계에 진입하는 제조사가 이만큼 증가한 것은 시장의 확대뿐만 아니라

부시로드크리에이티브의 새 브랜드 'TAMA-KYU'에서 발매된 「돌(石)」시리즈. 언뜻 보면 진짜 돌로 보이지만, 플라스틱으로 만들어졌고 속은 텅 비어 있어서 작은 물건을 넣거나 책상에 인테리어 소품으로 두는 등 다양한 용도로 쓸 수 있다.

'즐거운 일을 하고 싶다'라든지, '자신이 좋아하는 세계에서 살아가고 싶다'라는 가치관이 생겨났기 때문이라고 생각합니다. 젊은 세대 중에서 '착실하게 자신의 생활을 해 나가면서도, 재미있는 일이나 자신만의 즐거움을 찾으며 살고 싶다'라는 바람을 가진 사람이 많아졌고, 이들과 가챠가챠 업계는 연결되어 있다고 생각합니다. 저는 이러한 즐거움을 끊임없이 제공하는 가챠가챠 업계가 멋지다고 생각하고, 이 업계에 들어오고 싶어 하는 사람이 더 늘어날 것을 믿고 계속 해 나가고 싶습니다. 물론 돈을 많이 번 적은 없지만요.

사카모토 '돈을 버는 것'을 중심에 두고 있지는 않습니다. 돈을 벌 수 있으면 효율이 더 높아지는 일이 있겠죠. 그것보다는 확실히 '재미있다'라는 의식으로 하고 있는 일이라는 생각이 듭니다.

「캡슐 어드벤처(カプセルアドベンチャー)」 키탄클럽에서 2017년 발매. 현재 캡슐리스로 진화하는 업계의 선구자 격으로, 기존의 캡슐을 비행기 조종실로 변형하면서 가지고 놀 수 있게 만든 획기적인 기획 상품.

오쓰하타 게이코

주식회사 망상공작소(妄想工作所) 대표.
1970년 군마현 출생. 쓰다주쿠대학 졸업.
공작(工作)을 주제로 글을 쓰는 작가로《데
일리 포털 Z》,《피규어 왕》등의 매체에서
공작 관련 기사 집필. 또한 망상공작소의
이름으로 잡화와 캡슐토이, 오리지널 캐릭
터 피규어를 제작하며, '도리네코'등 로컬
캐릭터의 디자인도 맡고 있다.

웹 미디어를 통해 '피식 하고 웃을 수 있는' 유
니크한 잡화를 계속 발표해 온 오쓰하타 씨
가 가챠가챠의 세계에 들어온 것은 비교적 최
근의 일입니다. 자신의 창의성과 가챠가챠의
상성이 잘 맞았다고 말하는 오쓰하타 씨에게
상품을 기획할 때 각별히 신경 쓰는 부분에
대해 들어 보았습니다.

Interview 4

시리즈 누계 250만 개 판매!
히트작 '영물 소틀' 발상의 힌트는
'반전 매력'

키탄클럽에서 2012년, 마스코트에 체인을 달아 가챠가챠로 발매한 「홋케이스」 시리즈

가챠가챠 일을 시작한 계기

— 오쓰하타 씨가 가챠가챠 업계에서 활동하게 된 계기는 무엇입니까?

오쓰하타 저는 원래 공작과 관련된 기사를 쓰는 일을 하고 있었는데, '홋케이스'(생선인 홋케, 즉 임연수어와 케이스를 합친 잡화) 등 반향을 일으켰던 작품을 상품화해서 판매하던 중에 키탄클럽과 연이 닿게 되었습니다. 가챠가챠의 세계에 들어온 것은 그때부터입니다.

현재는 가챠가챠 일이 7할

— 현재 하고 계신 일 중에서 가챠가챠의 비중은 어느 정도입니까?

오쓰하타 이미 7할 정도가 되었습니다. 예전에는 이 정도는 아니었는데 그만큼 가챠가챠 시장이 넓어졌다고 할 수 있겠네요.

— 현재 가챠가챠를 통해 오쓰하타 월드가 점점 확장되고 있는 듯한 이미지가 있습니다.

오쓰하타 제가 만든 가챠가챠를 보고 있으면 왠지 행복한 느낌이 듭니다. '이상함+귀여움'에 더해 '적당히 리얼'이라는 영역은 저에게도 파고들어 볼 만하

다는 생각에 취미로도 여러 가지 캐릭터를 만들어 보는 중입니다.

2021년에 SO-TA에서 가챠가챠 버전으로 발매된 「베어링곰」.

— 상품을 기획하는 건 힘들 것 같은데, 어떤 식으로 만들어지는 건가요?

오쓰하타 흔히 하는 말로 밥벌이라고 할까, 내일 밥을 먹기 위해 필요한 일을 지금 꼭 해야 된다는 생각으로 소재가 떠오를 때마다 스마트폰에 계속 저장합니다. '이런 소재라면 그 회사가 이야기를 들어 주지 않을까'라는 생각이 들면 그 회사에 제안하는 식으로 하고 있습니다. 10개 제안해서 1개 밖에 채택되지 않기도 하고 전부 탈락되는 경우도 있습니다.

— 뭔가 특별한 발상법이 있습니까? 어떻게 하면 크리에이티브한 것을 생각해 낼 수 있을까요?

오쓰하타 스스로도 '오' 하고 느낌이 오는 소재를 생각해 내는 발상법이라고 하면, 역발상을 적용하는 것입니다. 예를 들어 '베어링곰(ベアリングマ)'이라는 상품은 공업적인 용도로 익숙한 베어링(회전을 지탱하는 축을 받치는 부품)과 목각의 곰 모양 장식품을 결합했을 때 '이런 이상한 물건이 탄생했다'라는 '반전 매력'이 아이디어의 베이스가 되었습니다.

— 그렇군요. 그 '반전 매력'이라는 것은 가챠가챠이기 때문에 실현 가능하다는 생각이 듭니다.

오쓰하타 매우 공감하는 부분입니다. 그래서 저는 다른 잡화에 비해서 가챠가챠의 아이디어를 떠올리는 일이 가장 자신 있는지도 모르겠습니다. 그리고 작가 시절에 늘 공작을 위한 소재를 찾고 있었기 때문에 그 때의 경험을 잘 살리고 있는 것 같기도 합니다.

가챠가챠는 지적이다?

— 오쓰하타 씨의 작품을 보고 있으면 가챠가챠란 의외로 지적인 것이라는 생각이 듭니다. UFO 캐처의 경품에서는 그다지 지적인 느낌은 받지 못하죠. 반면 가챠가챠는 캡슐의 내용물을 만들어내는 것 자체가 굉장하게 느껴져요. 재미 있다고 느끼는 사람과 재미 없다고 느끼는 사람의 감각의 차이 또한 흥미로운 부분입니다. '영물 소들'이 재미 없다고 하는 사람도 있을 테니까요. 그 갭이 정말 재미있어요.

오쓰하타 저도 모든 인류가 제 작품을 보고 재미를 느끼게 하고 싶다는 생각은 전혀 없고(웃음), 오히려 제 반경 몇 미터에 있는 가까운 사람들 사이에서 큰 화제가 되었으면 좋겠다 같은 생각을 합니다.

2019년에 퀄리아에서 발매된 「영물 소들」 시리즈. 후쿠시마현의 향토 완구 '붉은 소'와 세상 속에 존재하는 영물들이 합체한 '반전 매력'으로 누계 판매 250만 개를 기록하며 대히트.

— 하지만 오쓰하타 씨의 작품은 확실히 재미있어요. '어떻게 이런 발상을 할 수 있지?'라는 생각에 다들 재미있어 하는 것 같습니다.

오쓰하타 그 부분은 혼자서 일할 때의 강점이죠. 큰 기업에서는 모험적인 기획은 어려울 수도 있고 하니까요.

시리즈의 라인업 구상이 가장 즐겁다

— 가챠가챠는 '무엇이 나올지 모른다'라는 엔터테인먼트성이 특징인데, 크리에이터로서 라인업을 구성할 때 특히 신경 쓰는 부분은 무엇입니까?

오쓰하타 시리즈로서 '모으고 싶어 진다'라는 생각이 들 수 있게 만드는 통일감입니다. 컬렉션을 완성해서 나란히 진열할 때 사용할 배경 같은 것을 생각합니다. 예를 들어 가챠가챠를 구입하는 여성은 책상에 앉아 일하는 사무직이 많지 않을까 싶은데, 그런 사람이 컬렉션을 책상 위에 어떤 식으로 배치하고, 어떤 때에 올려 둘지 같은 거요. 보면서 치유 받고 싶을지, 다른 사람에게 보여 주고 싶을지, 아니면 누군가에게 선물하고 싶을지, 이런 부분을 항상 생각하려고 하고 있어요.

— 하나의 시리즈로 5개에서 10개의 상품 라인업을 구상하는 건 힘들 것 같아요.

오쓰하타 힘들긴 해도 재미있습니다. 제 경우 라인업을 구상할 때가 가장 즐거운 것 같아요. 그거야말로 가챠가챠의 묘미라고 할까요. 하나하나의 상품에 대해서 계속 생각하면서 동시에 집단적인 재미를 맛볼 수 있다는 매력에 푹 빠진 느낌입니다.

— 오쓰하타 씨에게는 가챠가챠 자체가 하나의 작품이겠네요.

오쓰하타 정말 그래요. 상품군으로서 작품을 생각하는 것이 매우 즐겁고, 계속 그렇게 증식해 나갑니다. 제 작품이 늘어 가는 데 굉장한 카타르시스를 느낍니다.

가챠가챠 크리에이터가 되고 싶은 후배들에게 전하는 메시지

— 매력적인 오리지널 가챠가챠가 늘어나면서 크리에이터 중에서는 오쓰하타 씨를 동경하는 사람도 많습니다. 그런 분들에게 '이런 식으로 하면

나처럼 될 수 있어' 하는 어드바이스가 있습니까?

오쓰하타 어떤 일을 할 때 즐거운지 아닌지는 역시 중요합니다. 저도 생각이 너무 많아서 하나의 소재가 뒤죽박죽되거나 한 경험이 여러 번 있지만, 많은 사람에게 '먹히는 소재'라는 건 사실 아주 심플하게 재미있는 소재라고 생각합니다.

— 작정하고 인기를 노리기 보다는 심플하게 자신이 재미있다고 느끼는 것이 히트한다는 말이 역시 진리네요.

오쓰하타 '홋케이스'도 보기에는 건어물 그 자체이지만, 그걸 열고 닫는 것이 재미있다든지 하는 본질을 늘 생각하려고 하고 있습니다.

— 가챠가챠 이벤트를 개최해 보면 '크리에이터가 되고 싶다'라고 생각하는 사람들이 오쓰하타 씨가 있는 곳에 모이는 것을 볼 수 있는데요. 그런 사람들에게 어떤 어드바이스를 해 주십니까?

오쓰하타 뭔가 재미있는 소재가 있다면 부끄러움은 버리고 SNS나 마켓 이벤트 등을 모든 기회를 활용해서 계속 발표해 보면서 경험치를 차곡차곡 쌓아 갑시다 같은 이야기일까요.

— 에너지랄까, '역시 가챠가챠가 좋아'라는 애정이 없으면 프로 크리에이터가 되기는 좀처럼 쉽지 않을 것 같네요.

오쓰하타 그리고 자신이 만드는 것에 대한 애정이요. '이거, 무조건 재미있을 거야'라고 생각한다면 여러 회사에 들고 가 보면 됩니다.

제 4 장

캡슐리스·캐시리스도 등장!
계속해서 진화하는
가챠가챠 비즈니스의
최신 트렌드

1

가챠가챠이기에 반드시 생각해야만 하는 문제

이 장에서는 현재 가챠가챠 비즈니스의 세계에서 일어나고 있는 새로운 트렌드에 대해 소개하려고 합니다. 먼저 가챠가챠와 생태학(ecology)의 관계입니다.

1965년 일본에 가챠가챠가 처음 등장한 이후 현재에 이르기까지 캡슐의 내용물이나 구매층 등에 있어서는 큰 변화가 이루어져 왔지만, 내용물이 플라스틱제 캡슐 안에 들어 있는 방식 자체에는 변화가 없습니다.

하지만 플라스틱의 원료인 석유는 유한한 자원인 동시에 자연계에서는 분해되지 않습니다. SDGs(지속 가능한 개발 목표)의 관점에서 최근 플라스틱 쓰레기 문제가 국제적으로도 크게 대두되면서 음료 페트병의 재활용과 슈퍼마켓 봉투의 유료화, 외식업계에서는 플라스틱제 빨대가 종이 제품으로 대체되고 있는 등 여러 변화에 대해서는 여러분도 잘 알고 계실 것입니다.

이러한 사회의 움직임에 발맞춰 가챠가챠 캡슐에 대해서도 리사이클의 촉진은 물론, 처음부터 캡슐 자체를 사용하지 않거나 캡슐이 상품의 일부분이 되는 형태의 상품도 등장하고 있고, 플라스틱제를 대체하는 다른 소재로 만든 캡슐을 검토하는 등 다양한 시도가 이루어지고 있습니다.

이미 쇼핑몰 등의 가챠가챠 코너에는 캡슐 전용 리사이클 박스가 놓여 있는 상황이고, 각 전문점 체인도 필요 없는 캡슐의 리사이클을 촉진하기 위한 방안을 점포 내에 도입하고 있습니다.

낮은 가격을 전제로 하는 가챠가챠의 경우, 비용적인 측면에서 보면 플라스틱제 캡슐이 최적이지만 페트병이나 비닐봉투처럼 사회문제로 떠오르기 전에 업계의 각사에서 리사이클의 움직임이 일어나고 있는 것은 좋은 현상이라고 생각합니다.

캡슐리스로의 움직임

또 최근에는 캡슐을 아예 사용하지 않는, 또는 캡슐 자체를 상품의 한 파트로 구성해서 캡슐의 사용을 줄이는 캡슐리스 상품도 조금씩 나오고 있는 상황입니다.

예를 들어 반다이의 히트작인 '생물 대도감' 시리즈에서는 공벌레가 놀라면 구형이 되는 성질을 역으로 이용한 공벌레 피규어를 선보여 화제가 되었습니다. 즉 공벌레가 둥근 모양을 한 채로 머신에서 나오는 형태입니다. 또 같은 시리즈의 말벌은 조립식을 적용하여 완성 후에는 캡슐이 디스플레이 스탠드가 된다는 아이디어로 기존의 가챠가챠 상품 개발의 애로사항이었던 '캡슐 사이즈 이상의 상품은 만들 수 없다'라는 제약을 극복했습니다. 또 한 가지, 키탄클럽의 히트작 '오니기링구'도 오니기리 그 자체로 캡슐을 대체해서 캡슐리스를 실현했습니다.

현재 가챠가챠 시장 전체에서 캡슐리스의 상품이 차지하는 비중은 결코 크지 않지만, 앞으로 조금씩 증가할 것으로 보입니다.

캡슐리스 상품의 예. 반다이에서 발매된 '생물 대도감' 시리즈의 말벌(왼쪽)은 캡슐이 스탠드가 되고, 키탄클럽에서 발매된 「야키토링구」(오른쪽)는 뚜껑이 덮인 상태로 머신에서 나온다. 둘 다 캡슐을 쓸모 있게 만들거나, 처음부터 캡슐을 사용하지 않도록 고안되었다.

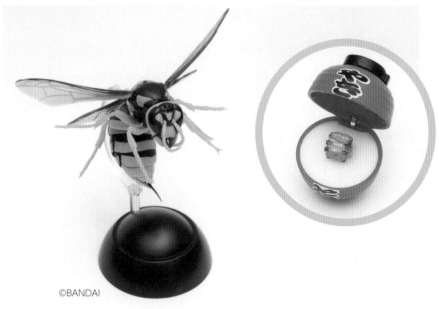

©BANDAI

종이캡슐도 등장

그리고 캡슐의 재료를 플라스틱이 아니라 종이로 대체하려는 움직임도 나타나고 있습니다.

예를 들어 반다이는 '마푸카(MAPKA)'라는 바이오매스 소재(종이 파우더 51%, 폴리프로필렌 49%의 혼합 구성)로 된 종이캡슐을 2022년 6월부터 일부 상품에 적용하기 시작했습니다.

또 캐시스테이션은 골판지 제조사인 렌고, 펄프 사출성형 기술로 특허를 보유한 다이호공업과의 3사 공동개발로 전분과 펄프만으로 제조되어 플라스틱을 일절 사용하지 않은 종이캡슐 'eco폰'을 만들어 '쿠라스시'의 '빗쿠라폰'에 적

종이캡슐 'eco폰'. 플라스틱을 일절 사용하지 않고 전분과 펄프만으로 만들어졌다.

용하기 시작했습니다. 이 'eco폰'은 재활용 쓰레기로 내놓으면 리사이클이 가능하고, 일반 쓰레기로 소각해도 유해물질이 나오지 않습니다. 제가 대표를 맡고 있는 일본가챠가챠협회에서도 각 제조사에 적극적으로 도입을 제안하고 있습니다.

가챠가챠 시장이 앞으로 더욱더 확대됨에 따라 플라스틱제 캡슐의 문제도 함께 부각될 것으로 예상됩니다. 캡슐리스도, 신재료도 플라스틱보다는 비용이 높기 때문에 중소기업이 많은 가챠가챠 업계에서 바로 대처하고 적용하기는 쉽지 않은 문제이지만, 세상이 이만큼 탈(脫)플라스틱으로 나아가고 있고 소비자의 의식이나 국제적인 관심도 높아진 이상 가챠가챠만을 예외로 둘 수는 없지 않을까요.

캐시리스 가챠로의 움직임

더 이상 동전은 필요 없다?

디지털 가챠의 시대

가챠가챠의 기본 스타일의 변화라는 의미에서는 앞서 이야 기한 플라스틱제 캡슐의 리사이클이나 캡슐리스, 종이캡슐 의 도입 외에 또 한 가지, 코인(동전)을 넣고 돌린다는 전제 가 바뀌려는 움직임도 나타나기 시작했습니다.

가챠가챠는 코인의 사용을 전제로 하기 때문에 어떤 의미에 서는 제약이 많았다고도 할 수 있습니다. 제조사 입장에서 는 100엔 단위로밖에 가격을 설정할 수 없고, 소비자 입장에 서는 잔돈이 없으면 동전을 교환해야만 합니다. 물론 이렇 게 동전을 움켜쥐고 머신 앞에 앉아 한 개 한 개 동전을 투입하고 손잡이를 돌린다는 이 부분이야말로 '경험 소비'라고 할 수 있지만, 세상이 캐시리스를 향해 가는 지금, 시대에 발맞춰 동전을 가지고 있지 않아도 바로 머신을 돌릴 수 있는 방식을 통해 소비자의 편의성은 높아지고 제조사도 세밀하게 가격 설 정을 할 수 있는 등의 메리트를 모색하고 있는 상황입니다.

이미 반다이는 QR코드나 '스이카(Suica)' 등의 교통IC카드를 이용해 가챠가챠 를 돌릴 수 있는 머신 '스마트 가샤폰'을 JR역사 내에 설치하기 시작했습니다. 가격 설정은 동전을 사용하는 경우와 동일하지만, 스마트폰이나 IC카드로 가 챠가챠를 돌릴 수 있다고 하는 의미에서 획기적입니다.

캐시리스 머신 '삐빅가챠'. 주로 이벤트나 콘서트 등의 행사장에서 활용.

삐빅가챠

제가 직접 관여하고 있는 캐시리스의 움직임 중 하나로, 주식회사 소닉잼과 주식회사 funbox가 공동으로 개발한 '삐빅가챠'라는 머신을 이용한 프로젝트가 있습니다.

이 '삐빅가챠'는 QR코드로 돌릴 수 있는 머신으로, LINE Pay나 PayPay 등 각종 QR 결제 서비스를 이용할 수 있는 Pay 모드, 그리고 오리지널 QR 코드를 발행해서 판촉이나 PR, 집객 등에 사용하는 QR 모드, 이렇게 두 가지 기능이 있습니다.

저는 이 머신을 다음 항에서 설명할 '로컬 가챠'에도 도입하고 있는데, 다른 방식으로도 더 폭넓게 활용할 수 있지 않을까 모색 중입니다.

실은 이 '삐빅가챠'를 전일본항공 그룹의 'ANA Blue Base'라는, 일반인도 견학 가능한 종합훈련시설 내 기프트숍에 설치할 수 없을까 하는 이야기가 진행되었습니다. 그래서 만들어진 것이 정비작업에서 나온 폐기 부품을 업사이클(up-cylce, 재활용을 넘어 제품을 재탄생시키는 일)해서 가챠가챠로 만든 상품입니다. 캡슐의 내용물로는 안전벨트 버클, 조종실 스위치, 그리고 지역의 마을공장과 콜라보레이션 기획으로 탄생한 '비행기 부품 애니멀즈(ひこうきぶひんアニマルズ)' 등이 들어 있습니다. 또 캡슐에 동봉된 설명서에 있는 QR코드를 스캔하면 부품과 관련한 다양한 에피소드를 알 수 있습니다.

한편, 이곳에서 QR코드로 돌릴 수 있는 가챠가챠에 설정된 787엔이라는 가격은 보잉787에 연관된 것입니다. 2023년 3월부터 시작해서 아직 얼마 되지는 않았지만, 이러한 형태로 '삐빅가챠'의 가능성을 엿보게 되었습니다.

그리고 라이브 콘서트 현장에도 이 '삐빅가챠'가 설치됩니다. 캡슐의 내용물은 라이브를 하는 아티스트의 캔뱃지 등의 굿즈입니다. 어떻게 이 가챠가챠를 돌릴 수 있냐하면, WOWOW(일본의 위성 방송 채널－옮긴이)와 제휴를 통해 현장에서 WOWOW에 가입하면 가챠가챠에 참여할 수 있는 권리가 QR코드로 전송되고, 그 QR코드를 이용해 행사장에 설치된 '삐빅가챠'를 한 번 돌릴 수 있는 시스템입니다.

'무엇이 나올지 모른다'라는 가챠가챠만의 시스템은 이런 조건하에서도 역시 흥미로워서 앞으로도 더욱 더 널리 퍼질 수 있을 거라 생각합니다. 아직 시작한 지 1년 정도밖에 안 됐지만, 코로나19가 없었다면 더 빨리 시작되었을 테지요. 드디어 코로나19도 진정이 되면서 각종 이벤트가 늘어나고 있기 때문에 이러한 머신은 더욱 확산될 것으로 전망됩니다.

디지털 스탬프 랠리

현재 개발 중인 또 한 가지는 디지털 스탬프 랠리입니다. 일반적인 스탬프 랠리는 아날로그로 스탬프를 모은 후에 최종적으로 가챠가챠 전용 메달을 받아 머신을 돌리는 형태가 많은데, 이 디지털 스탬프 랠리는 매장별로 게시된 QR코드를 모아 완성하면 마지막에 가챠가챠를 돌려 경품을 받을 수 있는 과정으로 구성됩니다.

이 역시 디지털과 아날로그의 믹스로, 예를 들어 쇼핑몰에서 어린이가 QR코드를 모으면 마지막에 '삐빅가챠'를 돌릴 수 있게 해서 고객이 여러 매장을 방문하게 만드는 등의 방법을 구상하고 있습니다.

이 외에도 산책 애플리케이션을 실행하면 체크 포인트를 지날 때마다 전부 체크가 되고, 최종적으로 골인하면 QR코드가 발행되어 '삐빅가챠'를 돌릴 수 있도록 하는 것도 가능하지 않을까 생각합니다.

3

생겨나는 '지역 가챠'의 구조

가챠가챠로 지역 활성화? 일본 각지에서

가챠가챠는 분위기를 띄우는 수단으로 최적

현재 일본 각지에서 '지역 가챠'라고 불리는, 지역 활성화에 가챠가챠를 활용하는 시도가 이루어지고 있습니다. 이는 관광객이 좋아할 만한 상품부터 지역 주민만 아는 로컬적인 이야깃거리까지 폭넓은 소재를 채택해 가챠가챠로 상품화를 진행하는 것입니다. 즉 외부적으로는 지역의 매력을 알리고 내부적으로는 애향심 조성을 목적으로 합니다. 이러한 활동은 대부분 제조사나 오퍼레이터가 관여하는 것이 아니라 각 지역의 기업이나 관광협회, 지역 유지 그룹이 독자적으로 진행하고 있습니다.

지역 가챠의 정의는 딱 정해져 있지 않고 가챠가챠 시장의 데이터에도 반영되지 않지만, 이렇게 대중에 의한 시도가 부담 없이 이루어질 수 있다는 것 또한 가챠가챠의 매력입니다.

지역 가챠 붐의 선구자라고 하면, 2021년 3월에 사이타마현 사이타마시 오미야구에서 오미야역 주변의 관광 스팟이나 노포점 등을 아크릴 키홀더로 만들어서 지역 한정으로 발매한 '오미야 가챠타마(大宮ガチャタマ)'가 아닐까 싶습니다. 이 지역 가챠는 오미야역 서쪽 출구 방면에서 상업 빌딩을 전개하고 있는 주식회사 아르셰의 나카지마 사치오 사장의 주도로 시작되었습니다. 당초 월 1,000개만 팔려도 된다는 생각으로 시작했지만 SNS상에서 좋은 반응을 얻으면서 어느새 제5탄까지 나와 누계 판매 140만 개를 기록할 정도로 큰 인기를 얻었습니다.

제가 아는 다른 사례로는 도야마현 도야마시에 있는 오쿠다 신사가 참배자들에게 즐거움을 선사하기 위해 2020년 새해 첫날에 복을 가져다주는 물건을 받을 수 있는 가챠가챠 머신을 설치한 적이 있습니다. 모든 캡슐에는 '무병의 엿'이 기본적으로 들어 있고, 그중 3분의 1의 캡슐에는 질병에 효과가 있다고 여겨지는 신사의 경내 지하수를 사용한 쌀 청주 '사라미야' 또는 본존 불상인 '야타가라스'를 본뜬 달마 중 하나를 받을 수 있는 종이가 들어 있었는데, 준비된 300개의 캡슐은 순식간에 완판되었습니다. 실은 신사의 신관인 니노미야 구지 씨가 가챠가챠 팬이어서 캡슐의 내용물 세팅도 모두 직접 했다는 이야기에 절로 미소가 지어집니다.

또 에히메현 우와지마시에 있는 우와카이신 주식회사가 2019년부터 발매하기 시작한 '아코야 진주 가챠(あこや真珠真珠ガチャ)'도 고급 보석인 진주를 1,000엔으로 살 수 있다는 점에서 화제가 되었습니다.

'거리 가챠', '현지 가챠'의 노력

사실 이렇게 말하는 저도 가챠가챠의 시스템을 이용한 지역 활성화 활동에 직접 참여하고 있습니다.

먼저, 지역의 매력을 재발견한다는 목적으로 제 고향인 지바현 후나바시시의 후나바시관광협회와 일본가챠가챠협회의 콜라보 형태로 일을 벌였습니다. 즉 후나바시에 거주하는 일러스트레이터가 시내의 명소를 그림으로 그린 아크릴 키홀더를 판매하는 '거리 가챠 in 후나바시' 프로젝트를 2021년 10월부터 시

작하여 시내 23개소(점포, 쇼핑몰, 편의점, 공원, 후나바시관광협회 등)에 머신을 설치하고 개당 300엔에 판매했습니다.

이 프로젝트의 또 다른 특징은 앞에서 소개한 비접촉의 캐시리스 머신 '삐빅 가챠'를 채택해 완전한 캐시리스 결제로 진행한 것(당시 코로나19 펜데믹 상황에서 실시했기 때문), 그리고 생분해성 플라스틱인 바이오캡슐을 사용했다는 점입니다. 이 프로젝트는 기쁘게도 대호평을 받았고, 현재 제4탄까지 진행되었습니다.

저는 이 '거리 가챠 in OO' 프로젝트를 전국으로 확대할 계획을 가지고 있는데, 이미 '거리 가챠 in 혼모쿠', '거리 가챠 in 우에노', '거리 가챠 in 이토이가와'가 시작되었습니다.

그리고 '거리 가챠'와는 별개로 행사 장소를 시단위에서 특정 구역으로 좁힌 '현지 가챠'라는 프로젝트도 준비 중에 있습니다. 이 프로젝트는 그 상점가나 관광지에서만 손에 넣을 수 있는 특별한 굿즈를 가챠가챠로 판매해서 관광객이 기념으로 가지고 갈 수 있도록 하려는 시도입니다.

제1탄인 '다테이시 가챠(立石ガチャ)'는 도쿄도 가쓰시카구에 있는 게세이다테이시역의 이른바 '센베로'라고 불리는 식당가를 모티브로 한 아크릴 키홀더를 판매하는 가챠가챠입니다. 실은 모티브가 된 식당가는 제가 타카라토미아츠에 근무하던 시절에 신세를 많이 지기도 했는데, 그중 대다수가 재개발로 폐점하게 되어 메모리얼로 남기고 싶다는 생각에서 가챠가챠로 만들게 되었습니다. 새로운 지역 활성화로 이어지는 것은 아니지만 좋았던 옛 시절의 서민적인 식당의 모습을 남길 수 있었던 것도 가챠가챠의 좋은 점이라고 생각합니다.

'거리 가챠'와 '현지 가챠' 등, 지자체 관계자 중에서 가챠가챠를 활용한 지역 활성화에 관심이 있는 분은 가챠가챠의 노하우부터 머신 제공까지 종합적으로 서포트할 테니 꼭 일본가챠가챠협회로 연락 주시길 바랍니다.

세계에 널리 퍼지는 가챠가챠 문화

이제 일본만의 것이 아니다!

일본을 찾는 외국인에게 필수 포인트가 된 가챠가챠!

신종 코로나바이러스 감염증의 수습 이후 인바운드 수요의 회복도 앞으로의 가챠가챠 시장의 확대를 이야기하는 데 있어 중요한 요소입니다. 외국인이 많이 방문하는 도쿄의 아사쿠사나 신주쿠, 이케부쿠로, 시부야 등에 있는 전문점이나 지하철역과 공항 안에 설치된 코너에서 가챠가챠를 즐기며 열중하는 외국인 여행자를 흔히 볼 수 있습니다.

외국인에게 일본의 가챠가챠가 인기 있는 이유는 몇 가지가 있습니다.

첫 번째는 현재 세계 어디에서도 일본처럼 곳곳에 가챠가챠 머신이 놓여 있고, 이렇게 막대한 종류의 상품이 제공되는 환경을 찾아볼 수 없기 때문입니다. 가챠가챠 자체는 세계 각국에 있지만 상품의 높은 퀄리티나 폭넓은 구성에 있어서는 일본에 비할 바가 아닙니다. 가챠가챠를 좋아하는지 어떤지에 관계 없이 일본에 온 이상 누구라도 한 번 도전해보고 싶어집니다.

두 번째는 300엔이라는 현재 가챠가챠의 중심 가격대는 엔저라는 요인까지 더해지면서 외국인이 봤을 때 매우 가성비 좋게 느껴집니다. 이렇게 정밀한 상품을 이 가격으로 가질 수 있다니 놀랍다고 하는 이유가 있습니다. 가격이 낮은데다가 캡슐 사이즈이기 때문에 여행 기념품으로 최적입니다.

일본 가챠가챠의 다채로움과 정밀함은 이미 인터넷을 통해 세계적으로 잘 알려져 있으며 현대 일본 문화의 하나로 인식되고 있습니다. 가챠가챠는 일본에 가면 꼭 들러야 하는 관광 스팟이 되었습니다.

나리타국제공항 제2터미널에 있는 가챠가챠 코너에는 '남은 동전을 장난감으로!' 또는 '어쩐지 일본에서 잘 팔리고 있습니다'라는 광고 문구가 적힌, 여행자에게 가챠가챠 체험을 권하기 위한 간판이 있는데, 더 이상 가챠가챠는 남은 동전을 다 쓰기 위한 수단이 아닌 현대 일본을 즐기기 위해 적극적으로 돈을 쓰게 만드는 장이 되었습니다.

해외의 가챠가챠 현황과 일본 가챠가챠의 해외 진출

이렇게 일본의 가챠가챠는 여행자들에게도 인기인데, 해외에서는 어떤 상황인지 또는 일본의 가챠가챠가 해외에 얼마나 진출해 있는지에 대해 알고 싶어 하는 분도 있을 것입니다.

제1장에서 설명했듯이 가챠가챠의 원형은 1880년대 미국에서 탄생했습니다. 하지만 일본에서 가챠가챠가 성인층을 아우르는 광범위한 시장을 형성하고 상품 퀄리티도 높아진 것과는 대조적으로 본가인 미국의 가챠가챠는 어린이 대상의 저렴한 장난감에 그대로 머무른 채 상품의 수준도 그다지 진보하지 않았고, 결과적으로 판매 장소 또한 슈퍼마켓 등으로 한정되면서 큰 비즈니스로 발전하지 못했습니다.

그 배경에는 가챠가챠가 코인 비즈니스라는 점이 크게 작용했다고 생각합니다. 일본에서는 자동판매기에서 100엔이나 500엔 동전이 일반적으로 쓰이지만, 미국에서 자동판매기나 코인 세탁소, 가챠가챠 등에 쓰이는 코인은 보통

25센트 동전(약 35엔)이고 1달러를 넘어가는 쇼핑은 지폐나 카드를 쓰는 것이 일반적입니다. 현재 미국의 가챠가챠는 25센트나 50센트(25센트 동전을 2개 사용)여서 가격적으로 일본과 같은 고품질의 상품은 만들 수 없습니다. 제가 전 직장에서 미국 진출 관련 업무를 담당했을 때, 당시 1달러(25센트 동전 4개 사용)짜리 가챠가챠를 판매하려고 했지만 시장에 받아들여지지 않았습니다. 또 미국에는 일본처럼 전국구를 지원하는 대리점이 존재하지 않습니다.

한편 거대 시장인 중국에서는 반다이가 힘을 쏟은 결과, 가챠가챠 시장이 급성장하고 있습니다. 중국도 코인의 최고액이 1원(약 20엔)으로 낮기 때문에 실제로 가챠가챠를 돌릴 때는 동전교환기로 전용 코인(토큰)을 구입하는 방식이 일반적이었는데, 최근 캐시리스화의 물결로 스마트폰을 이용한 결제가 보편화되었고 그런 의미에서는 일본보다 앞서나가고 있다고도 할 수 있습니다.

또 반다이남코 어뮤즈먼트는 전문점 '가샤폰 반다이 오피셜 숍'을 이미 영국에 3개 점포, 미국에 3개 점포, 아시아에 7개 점포(말레이시아, 태국, 홍콩, 중국)를 출점하며 해외 진출에 적극적인 행보를 보이고 있습니다(2023년 7월 31일 현재).

이렇게 유통 시스템의 차이와 코인 가치의 차이, 그리고 애초에 가챠가챠(캡슐토이)에 대한 인식의 차이 등으로 일본 가챠가챠의 해외 진출에는 제약이 있었지만, 일본을 찾는 외국인 관광객을 통한 정보의 확산이나 세계적으로 추진되는 캐시리스화의 움직임에 따라 조금씩 돌파구가 보이는 듯합니다.

◀ 나리타국제공항 제2터미널의 가챠가챠 코너에 쓰여 있는 7개국어 표시.

▼ 대만의 가챠가챠 머신. 대만의 코인 최고액은 50신대만원(약 225엔)이기 때문에 일본과 같은 가격 설정이 가능하다.

미국에서 볼 수 있는 일반적인 가챠가챠 머신.

▶ 중국 상하이에 있는 가챠가챠 코너의 모습.

▼ 중국어로 가챠가챠는 '니우단(扭蛋)'이라고 불린다.

모리나가 다쿠로(경제 애널리스트) × 오노오 가쓰히코

권말 대담

가챠가챠가 일본을 구한다!
~가챠가챠에서 배우는
앞으로의 비즈니스 힌트~

모리나가 다쿠로

1957년 도쿄도 출생. 도쿄대학교 경제학부 졸업 후 일본전매공사, 일본경제연구센터, 경제기획청 종합계획국 등을 거쳐, 1991년부터 미와종합연구소(현 미쓰비시 UFJ 리서치&컨설팅)의 수석연구원으로 근무. 2006년 도쿄대학교에 교수로 취임. 전문 분야는 거시경제학, 계량경제학, 노동경제로, 미디어에 다수 출연해 예리한 코멘트와 이해하기 쉬운 해설로 호평. 최근에는 《재무진리교(ザイム真理教)》(산고칸신샤 발간)가 베스트셀러가 되었다.

이 책의 마지막으로는 모리나가 다쿠로 씨와의 대담을 실었습니다. 모리나가 씨는 저명한 경제 애널리스트로서 미디어에서 활약 중인 동시에, 한편으로는 가챠가챠를 포함한 다양한 굿즈의 컬렉터로서의 면모를 갖추고 있습니다. 최근의 가챠가챠 시장에 대한 분석에서부터 미래의 모습, 그리고 가챠가챠가 일본 경제에 미치는 영향까지 솔직하게 터놓고 의견을 나눠 보았습니다.

변두리 비즈니스에서 일등지 비즈니스로

오노오 현재의 가챠가챠 시장의 열기를 모리나가 씨는 어떻게 보고 계십니까?

모리나가 저희 세대가 봤을 때 가챠가챠는 가욋벌이 정도의 이미지였죠. 그런 가욋벌이에서 정식 돈벌이로 대전환했다는 것. 그리고 어린이를 타깃으로 하는 마켓에서 오타쿠 타깃의 마켓으로 진행되었고, 더 나아가 여성을 중심

타깃으로 하는 폭넓은 마켓으로 변화했습니다. 즉 변두리 비즈니스에서 중심에 서는 일등지 비즈니스로 계속해서 변모하고 있는 게 아닌가 생각합니다. 제가 어렸을 때 가챠가챠는 엉망진창인 세계였어요. 주변에 떨어져 있는 돌멩이를 캡슐에 넣어서 '달의 돌'이라고 하면서 팔아 버리는 게 아무렇지도 않았던 시대였으니까요. 지금이라면 즉시 체포감이죠. 하지만 그건 그거대로 즐거웠어요(웃음).

오노오 1970년대는 그야말로 카오스라는 느낌이었어요. 대부분이 모조품이었죠. 반다이가 시장에 진입한 1977년 이후 드디어 모조품을 퇴출시키려는 움직임이 나오기 시작했습니다.

모리나가 거기에 더해 1985년에 플라자 합의가 진행되면서 급격한 엔고 현상이 나타났죠. 해외에서 저렴하게 만들수 있게 된 것도 가챠가챠에는 순풍으로 작용했다고 생각합니다.

오노오 1983년에 근육맨 지우개(긴케시)가 크게 히트했는데, 당시에는 무채색이었으니까요. 그게 중국의 공장에서 만들어지게 되면서 풀컬러가 되었습니다.

모리나가 제 컬렉션을 공개하는 공간인 'B보물관'에도 근육맨 지우개가 선반 한 칸 분량으로 진열되어 있는데, 역시 색이 없으면 그만큼 볼품이 없어요. 높은 퀄리티와 저렴한 비용의 양립이 가능해졌다는 점이 크지요.

'가챠가챠의 숲'에서의 놀라운 체험

모리나가 그렇다고는 해도 비즈니스의 관점에서는 어디까지나 빈 공간의 효율적인 활용으로서의 측면이 강했고, 그때까지도 근대적 경영으로는 발전하지 못했었다고 생각합니다. 하지만 몇 개월 전에 TV 프로그램 '갓치리 먼데이!!'(TBS 계열)의 취재차 '가챠가챠의 숲'을 방문했는데, 놀라웠던 점이 고객이 가챠가챠를 돌린 횟수가 전부 카운트되고 있다는 것이었습니다.

오노오 무엇이 얼마나 팔리고 있는지를 POS로 전부 관리하고 있는 거죠.

모리나가 데이터를 기반으로 상품을 보충하기 때문에 머신이 빌 일이 없어요. 그리고 입구 가까운 쪽에는 고양이 시리즈 등 여성이 구입할 만한 아이템을 배치하고, 안쪽에는 오타쿠 타깃의 아이템을 배치하고 있어요. 이유를 물었더니 "오타쿠가 매장 앞쪽을 점령하고 있으면 여성이 들어오기 힘들잖아요"라는 말을 듣고 '그건 그렇지' 하고 생각했습니다. 여기까지 왔으면 완전히 메이저한 비즈니스라고 할 수 있죠. 요컨대 쇼핑몰에 입점되어 있는 브랜드 매장과 동일한 지위를 구축했다는 점이 대단합니다. 동시에 예전 모습을 알고 있는 사람 입장에서 보면, '우와, 이렇게 바뀐 건가' 하는 생각도 들었습니다.

오노오 가챠가챠가 이렇게 될 거라고 예상하셨습니까?

모리나가 아니오. 전혀 생각하지 못했습니다. 제 안에서 가챠가챠의 이미지는 어디까지나 오타쿠를 위한 존재여서 여성 고객이 주류가 될 거라고는 꿈에도 생각하지 못했어요. 여성 고객들의 이야기도 들어 봤는데, 가챠가챠를 돌리기 위해 일부러 쇼핑몰에 온다고 하더라고요. 이런 시대가 온 건가 하고 놀랐습니다.

오노오 전문점에 오는 커플을 보면 여자친구가 남자친구를 데리고 오는 경우가 많아요. 남성 쪽이 의외로 최근의 가챠가챠 트렌드에 대해서 잘 모른다거나 하는, 완전 반대가 된 것 같습니다.

모리나가 '가챠가챠의 숲'은 조명이 굉장히 밝고 인테리어도 예쁘고 세련된 느낌이죠. 오타쿠의 관점에서는 공간이 비어 있으면 채우고 싶어지기 마련이

어서, 제가 매장 설계를 한다면 'B보물관'처럼 선반을 천장까지 꽉 채워서 짜 넣어 버릴 것 같아요. '가챠가챠의 숲'도 초기에는 천장까지 채워져 있었는데, 지금은 그런 스타일에서 탈피해서 오타쿠 느낌으로 보이지 않도록 하고 있는 것 같습니다.

오노오 가챠가챠 전문점은 그 이전부터 있었는데, '가챠가챠의 숲'처럼 밝은 분위기를 기조로 하는 매장은 없었고 머신만 살벌하게 놓여 있었죠. 무엇보다도 모리나가 씨가 이야기한 '변두리' 감성을 저도 좋아해서 가챠가

챠란 근본적으로 B급스러운 거라고 생각했습니다. 그래서 A급이 되는 것이 과연 어울릴까 생각하면서도 흥미롭게 느껴져서 계속 지켜보는 중이에요.

모리나가 예전에는 캡슐에 들어 있는 내용물도 B급이었는데 최근에는 그 정도 수준까지 되었으니 엄청난 진화죠.

오노오 그래도 '무엇이 나올지 모른다'라는 요소가 여전히 남아있어서 사랑받는 게 아닌가 싶은데, 어떻게 생각하세요?

모리나가 요즘 아이들은 그 점이 세련되었다고 말합니다. 비즈니스의 측면에서 생각하면 그 부분의 메리트가 굉장히 큰데, 재고가 남지 않는다는 것은 좋은 구조입니다.

오노오 '무엇이 들어 있을지 모르기 때문에 사고 싶어 진다, 만약 계산대 옆 같은 곳에 단품으로 놓여 있었다면 관심도 가지 않았을 테지만', 이런 의미에서도 가챠가챠는 재미있다는 생각이 듭니다.

앞으로 가챠가챠 업계는 어떻게 될까

오노오 현재는 매월 300개 시리즈
이상의 신작이 나오고 있는데, 모리
나가 씨는 앞으로의 가챠가챠 시장
에 대해서 어떻게 보고 계십니까?

모리나가 음, '여동생에게서 온 편
지'처럼 꽤 마니악한 영역까지 테마
를 확장한 상품을 보면 과연 앞으로
는 어떻게 될까 궁금해집니다. 또 소
재는 무궁무진하겠지만 마니악한 방
향으로 나가면 나갈수록 시장은 좁

아질 수밖에 없다는 모순이 있어요. 가챠가챠를 기획하는 사람들이 앞으로
더 골치아파질 것 같아요.

오노오 각 제조사의 기획자를 보면 최근에는 여성이 많아졌습니다. 여성의
감성으로 상품을 기획하고, 그렇게 만든 상품을 여성 고객이 구입하고 있는
그림이라고 생각합니다.

모리나가 마니악한 방향이 아니라 정식 비즈니스로서 앞으로 어떤 걸 만들
어 가야 하는지에 대한 이야기가 되겠네요.

오노오 최근에는 '기업 콜라보 상품'이 늘어나고 있습니다. 시장이 여기까지
확대되면서 기업 측에서 먼저 관심을 가지고 '우리 상품을 가챠가챠로 만들고
싶다'라는 이야기를 하는 경우가 많아졌어요.

모리나가 제 개인적인 생각으로는 어디까지 생각이 미칠 수 있는가 하는 지적창조력, 즉 개발자의 센스에 좌우되는 비즈니스가 되지 않을까 싶습니다.

오노오 오리지널 상품이라도 '사운드 상품' 등 각 제조사별로 꽤 비슷한 상품이 증가하고 있는 상황입니다. '지금은 이런 종류가 잘 팔리겠지' 하는 공통적인 인식에 제조사들도 끌려 가고 있다는 느낌이 듭니다.

모리나가 그 부분을 한 단계 더 파고들어서 비틀어 보는 발상력이 있었으면 합니다.

오노오 여성 고객과 전문점의 증가가 제4차 붐의 핵심이라고 생각합니다. 그러니 다음 제5차 붐에서는 양상이 또 바뀔 수도 있겠지요.

모리나가 전문점에 가면 느끼는 점이 기존의 아저씨들이나 오타쿠 층은 밀려났구나 하는(웃음) 것입니다. 반대로 그런 고객층에 특화한 매장이 나와도 좋을 것 같아요.

B보물관

10만 점 이상에 이르는 미니카와 가챠가챠 등 모리나가 씨의 컬렉션을 공개하는 시설로 사이타마현 도코로자와시에 위치. 매월 첫째 주 토요일에만 오픈(유료)
http://www.ab.cyberhome.ne.jp/~morinaga/

'지역 가챠'의 가능성

오노오 다음으로 모리나가 씨와 이야기 나눠 보고 싶은 내용이 있는데, 저는 최근 2년 정도 '거리 가챠'라는 콘셉트로 지역을 활성화하는 프로젝트를 하고 있습니다. 오미야에서 지역 가챠가 유행한 것에 자극을 받아 제 고향인 후나바시에서, 그것도 캐시리스로 전개하기 시작했습니다. 현재 시내 23개 점포와 시청 등에 머신을 설치해 두었습니다. 후나바시의 유명한 장소를 모티브로 한 아크릴 키홀더 등으로, 나름대로 수요가 있어서 초회 생산 수량은 1,000개였지만 입소문이 나면서 지금은 시리즈당 1만 개 정도까지는 팔리고 있습니다. 후나바시의 인구가 64만 명인데 후나바시시 출신으로 현재는 타 지역에 살고 있는 사람들에게도 퍼져 있습니다. 이와 같은 움직임이 전국적으로 늘어나는 추세입니다.

모리나가 로컬이라는 것도 앞으로의 하나의 성장 분야입니다. 지역의 특산물이나 명승고적 등을 가챠가챠로 즐길 수 있는 점이 좋다고 생각해요.

오노오 가챠가챠의 '무엇이 나올지 모른다'라는 특징을 이용한 쁘띠 엔터테인먼트성은 모두가 즐길 수 있는 포맷이라고 생각합니다.

· ·

일본 경제가 가챠가챠에서 배울 점

오노오 마지막으로 지금까지 가챠가챠 업계나 비즈니스에 별로 관심이 없었던 사람들에게 가챠가챠에서 배울 수 있는 앞으로의 비즈니스 힌트 같은 것에 대한 생각을 들려 주실 수 있을까요?

모리나가 요약하자면 가챠가챠와 같이 종전에는 좁은 타깃을 노렸던 비즈니스라도 일반인, 특히 여성이 진입할 수 있게 하는 장치를 통해 크게 성장시킬 수 있다는 것입니다. 어쩌면 아저씨의 발상에서 벗어나는 것이 비즈니스를 안정적으로 성장시키기 위한 비결이지 않을까 생각합니다. 개인적으로는 쓸쓸한 기분이지만요(웃음).

오노오 가챠가챠 시장 확대의 요인으로 저렴한 가격에 고품질이라는 뛰어난 가성비에 더해 '무엇이 나올지 모른다'라는 엔터테인먼트성, SNS 등을 통해 자신의 컬렉션을 널리 퍼지게 할 수 있다는 정보확산성 등이 있습니다. 이러한 부분은 앞으로의 모든 비즈니스에 해당하는 조건이 아닐까요. 그러한 의미에서는 업계를 막론하고 가챠가챠에서 배울 점이 있지 않을까 생각합니다.

모리나가 모든 업계 또는 업종에서 가챠가챠를 활용할 수 있다고 봅니다. 자사의 상품을 가챠가챠로 내는 것은 물론이고, 예능인이나 아이돌 그룹의 브랜딩도 쉽게 할 수 있겠죠. '사운드 상품'을 이용해 라이브 음악을 들려주는 것도 가능할 거라 생각합니다.

오노오 물건이 아닌 데이터도 팔려고 하면 가챠가챠로 팔 수 있겠네요.

모리나가 NFT 같은 디지털 아트도 팔리고 있으니까요. 보급에는 조금 더 시간이 걸리겠지만, 한 번 불이 붙으면 순식간에 퍼질 거라고 생각해요. 하지만 제 입장에서는 다시 한번 아저씨를 대상으로 삼아 줬으면 하는 바람이 있네요(웃음).

마치며

이 책을 마지막까지 읽어 주셔서 진심으로 감사드립니다.

이번에 책을 집필하면서 지금까지 약 30년에 걸쳐 가챠가챠 비즈니스에서 배운 점, 알게된 점, 놀랐던 점들이 계속해서 머릿속에 떠올랐습니다.

제가 처음 가챠가챠 비즈니스의 세계에 발을 내딛었을 때 동료는 저를 포함해서 단 3명이었습니다. 그랬던 것이 이듬해 획기적인 머신 '슬림보이'가 세상에 나오고 나서 몇 차례의 진화를 거쳐 가챠가챠 비즈니스는 현재에 이르게 되었습니다.

30년 전에 지금의 모습을 예상할 수 있었냐고 한다면 물론 '노' 입니다. 제가 TV에 출연해서 연예인과 함께 가챠가챠 전문점 투어를 하는 모습 같은 건 상상도 못 했습니다.

이 30년 사이에 다양한 분들과의 만남이 있었습니다. 모두 가챠가챠가 가져다 준 인연입니다. 그러한 의미에서도 가챠가챠는 그야말로 미디어이자 커뮤니케이션 툴이라고 생각합니다.

앞으로 가챠가챠는 어떤 식으로 진화해 나갈까요. 미래의 가챠가챠는 코인을 사용하지 않는 캐시리스 머신의 비율이 늘어날 것이고, 상품의 구성도 더욱 확대되어 한층 더 유니크해질 것입니다.

일본가챠가챠협회가 일 년에 몇 차례 도쿄에서 개최하는 이벤트 '시부야 가챠가챠 나이트'에는 매회 제조사와 크리에이터가 등장해 가챠가챠 업계의 친목을 도모하고 있다. 사진은 2023년 6월 16일에 개최된 제3회 행사의 모습.

하지만 '손잡이를 돌린다', '무엇이 나올지 모른다', 이 두 가지 요소가 바뀌지 않는 이상 미래에도 가챠가챠의 본질은 변함없을 거라 생각합니다. 이 책을 집필하는 데 있어 지금까지 도움을 주신 모든 분에게 다시 한번 감사의 마음을 전합니다. 특히 바쁜 시간을 쪼개 이번 책을 위해 인터뷰와 대담에 응해 주신 분들에게 진심으로 감사드립니다.

그리고 제가 가챠가챠 일을 처음 시작했을 당시 인력이 부족해 오퍼레이터(대리점) 대상 정보서 발송을 도와 준 일을 시작으로, 약 30년간 공사를 막론하고 계속해서 지지해 준 아내에게도 진심을 담아 고마움을 전합니다.

마지막으로 일본가챠가챠협회가 내세우는 '회원의 3가지 맹세'를 소개하면서 이 책을 마무리하려고 합니다.

1. 가챠가챠를 진심으로 사랑합니다.
2. 가챠가챠의 즐거움을 모두에게 전파합니다.
3. 가챠가챠로 세계를 평화롭게 합니다.

저의 지론 중 하나인데, 가챠가챠가 있는 나라는 평화롭습니다. 일본에서 성장해서 지금은 각국에 퍼져 있는 가챠가챠 문화를 세계에 더욱 더 널리 퍼트리고 싶습니다.

이러한 뜻에 찬성하는 분이라면 꼭 함께 가챠가챠를 띄워 봅시다!
잘 부탁 드립니다.

오노오 가쓰히코

【저자소개】

오노오 가쓰히코

—일반사단법인 일본가챠가챠협회 대표이사. —주식회사 쓰키지팩토리 대표이사.
지바현 후나바시시 출신. 일본의 가챠가챠 원년인 1965년 출생. 대학 졸업 후 플라스틱 원
료 상사 근무를 거쳐 1994년 가챠가챠 제조사인 주식회사 유진(현 주식회사 타카라토미
아츠)에 입사, 수많은 상품의 기획과 개발에 참여했다. 2019년에 독립해서 현재는 가챠가
챠 비즈니스의 컨설팅, 상품기획 등을 하고 있다. 지금까지 약 30년에 걸쳐 가챠가챠 비즈
니스의 전도사로서 미디어 출연 및 인터뷰, 강연 등 다방면으로 활약 중이다.

—일반사단법인 일본가챠가챠협회
https://jgg.or.jp/

—가챠가챠라보
https://japangachagachalab1965.com/

【역자소개】

원선미

동국대학교에서 신문방송학을 전공하고 홍보대행사에 근무하며 여러 기업과 브랜드 홍보
를 담당했다. 직장에서 기업과 소비자를 잇는 글을 써 오다가, 저자와 독자를 잇는 다리가
되어 좋은 책을 직접 소개하고 싶어 번역가가 되었다. 늘 설레는 마음으로 흥미로운 책을
찾고, 기획하고, 번역하고 있다. 역서로는 『항복론: 성공을 위한 내려놓기』가 있다.

ガチャ
ガチャの
経済学

가챠가챠의 경제학

초   판 인쇄   2024년 8월 1일
1   쇄 발행   2024년 8월 14일

지 은 이   오노오 가쓰히코
옮 긴 이   원선미
펴 낸 이   이송준
펴 낸 곳   인간희극
등   록   2005년 1월 11일 제319-2005-2호
주   소   서울특별시 동작구 사당동 1028-22
전   화   02-599-0229
팩   스   0505-599-0230
이 메 일   humancomedy@paran.com

ISBN 978-89-93784-82-4 03320